DE LA GUERRILLA
AL EXILIO

DE LA GUERRILLA AL EXILIO

TOMAS

To order additional copies of this book, contact:

Xlibris Corporation

1-888-795-4274

www.Xlibris.com

Orders@Xlibris.com

92804

INDICE

I
Dedicatoria

Estas líneas están dedicadas a la memoria del compañero Salvador Cayetano Carpio (Comandante Marcial); por haber sido el diseñador e iniciador de la estrategia de lucha armada en nuestro país El Salvador. Por muchos años, Marcial fue Secretario General del Partido Comunista Salvadoreño (P.C.S.); Como autentico líder de la clase obrera, realizo desde la clandestinidad todas las formas legales y pacificas de lucha a favor de la clase trabajadora, ante ello la respuesta del gobierno siempre fue REPRESION Y MUERTE.

El dictador, General Maximiliano Hernández Martínez en Febrero de 1932, masacró un aproximado de 30,000 obreros y campesinos, los diferentes militares que le sucedieron en el poder, continuaron por el mismo camino de represión y muerte contra el pueblo.

El P.C.S. no se atrevió a dar el paso de *lucha pacífica a lucha armada,* le faltaron (?) por esta lógica razón, el 1º de Abril de 1970, Marcial decidió separarse de ese partido y crear la organización guerrillera llamada Fuerzas Populares de Liberación Farabundo Martí, F.P.L.

Marcial era un hombre modesto, obrero panificador que acumuló muchísima experiencia en las luchas de la clase obrera salvadoreña e Internacional. Al crear las F.P.L. el escribió el llamado Libro Blanco, en el que estaba diseñada paso a paso, lo que sería la Guerra Popular de Liberación del pueblo Salvadoreño. El Libro Blanco, fue como el ABC de todo guerrillero.

Estas líneas, también están dedicadas al recuerdo de los 70,000 muertos y 30,000 desaparecidos que dejaron los 22 años de guerra civil; entre los 30,000 desaparecidos se encuentran mis hermanos José Luis, Jorge Alberto y mi cuñada Elida.

Dedico también este libro a todos los compatriotas que por motivos de la guerra se vieron obligados a emigrar, en busca de paz y bienestar personal y familiar.

Dedicatoria especial para mis cuatro hijos Nelly, Evelyn, Julio y Henry: que aun siendo niños, siguieron los pasos de los mojados y emigraron hacia EE.UU. Hoy son ciudadanos norte-americanos y son mujeres y hombres de bien. La mamá de ellos, mi esposa Denys sufrió una incurable enfermedad y falleció en el año 2003.

También dedico este libro a mis otros cuatro hijos con mi segunda esposa Lucia, ellos son Nelson, Arnoldo, Carlos y Luis, que como familia emigramos en el año 1988, hacia Australia. Hoy somos ciudadanos de doble nacionalidad; salvadoreños y australianos.

Por supuesto que también dedico este libro, a mi otro hijo Rafael, quién vive en El Salvador.

II Prólogo

La fuerza contenida en un ideal, es tan poderosa, que es capaz de mover montañas; quien posee ó hace suyo un ideal, puede llegar a cualquier esfuerzo o sacrificio, incluso al máximo sacrificio, como es el de entregar su propia existencia, o sea, su vida, todo en afán de alcanzar su sueño.

De hecho, que por un ideal se puede alcanzar la gloria o la muerte; pero aun muriendo su ideal, queda como inspiración, queda como una estrella brillante que iluminará el camino, para que otros hombres sigan sus pasos. Es así como puedo hablar: del Sueño Bolivariano, llamado así porque fue Simón Bolívar el impulsor del ideal o sueño de una América del Sur, grande y unida.

El sueño de Martín Luther King, sobre la igualdad de los hombres, sin importar raza ni color.

El ideal de Gandhi sobre la independencia de la India, con respecto a Inglaterra.

El ideal de Mao Ztse Tung en China.

El ideal de Ho Chi Minh en Vietnam.

El ideal de Nelson Mandela en Sur África.

El ideal de Ernesto (Che) Guevara en América.

El ideal de Cesar Augusto Sandino en Nicaragua.

En El Salvador, después de 1821, año de la independencia de Centro América, hubo levantamientos de los Naturales del lugar (Nativos), para protestar por el arrebato de sus tierras. Los Nativos de los pueblos Nonualcos en El Salvador y bajo la dirección de Anastasio Aquino, se levantaron en armas (machetes). Aquino fue traicionado y luego capturado y asesinado por el gobierno de turno. Sus pasos fueron continuados desde 1920 hasta 1932, por Farabundo Martí que como autentico líder de la clase obrera, siempre protestó junto a su pueblo, contra la tiranía de los diferentes gobiernos de la época, hasta llegar a la dictadura de Maximiliano Hernández Martínez que le capturó junto con los estudiantes: Alfonso Luna y Mario Zapata, que a continuación fueron asesinados (1932). El dictador a su vez masacró aproximadamente 30,000 obreros y campesinos.

Los pasos marcados por Anastasio Aquino y Farabundo Martí a su vez fueron continuados por Salvador Cayetano Carpio (comandante Marcial), que como ya dijimos anteriormente, creó el 1ª de Abril de 1970, la organización revolucionaria llamada Fuerzas Populares de Liberación F.P.L. más adelante ampliaré este punto.

De "La Guerrilla al Exilio" es un documento que habla de los 22 años de Guerra Civil en El Salvador (1970—1992).

Las F.P.L. por medio de su periódico EL REBELDE, el 1º de Abril de 1970, declaró la guerra de la clase obrera y campesina contra la Oligarquía Burgués Terrateniente del país. Los primeros 11 años se consumieron en enseñarle al pueblo, a ser propio artífice de su liberación, y los otros 11 años comienzan, cuando ya creado el Ejercito Rebelde, se iniciaron las primeras batallas contra el Ejercito de la Dictadura Militar (10 Enero 1981). Esta batalla mal llamada "Batalla Final" porque en realidad solo era la primera batalla. Estos 11 años terminan con la firma de los acuerdos de paz en 1992 y que se llamo "Triunfo del Pueblo", yo le llamé Triunfo de la Dirección del F.M.L.N. Le llame así, porque "Triunfo del Pueblo"?? . . . . mentira más grande no pudo existir!, Pues el pueblo trabajador continuó siendo víctima de sus explotadores, la miseria siguió reinando por los 4 puntos cardinales del país. Los dirigentes del F.M.L.N. pasaron a formar parte del Gobierno de la Tiranía, ellos sí que de verdad ganaron, pero, el pueblo trabajador continuó soportando el hambre, explotación y miseria.

Si alguien posee ideales políticos de clase obrera, estos ideales podrían ser:

a) Firmes de verdad
b) Firmes en apariencia (falsos)

Es precisamente el desarrollo de la vida práctica de un líder, que demostrará su firmeza o falsedad.

Miles de compañeros murieron gritando la consigna "*Revolución o Muerte, el Pueblo Armado Vencerá*", ellos fueron revolucionarios con firmeza, la consigna en su segunda parte "El Pueblo Armado Vencerá", guardaba la esperanza que si alguien moría, moría con la seguridad de que al final el pueblo iba a triunfar. Poseer un firme ideal revolucionario, significa:

1) Una gran responsabilidad personal y
2) Una responsabilidad de comunidad.

La historia está llena de hombres que por sus firmes ideales han pagado con su vida, esto ha sido así, tanto antes de Jesucristo como después de él.

En muchos casos, lo primero que el enemigo de la clase trabajadora hace es capturar al obrero y tratar de comprar sus ideales, todo, para que este se quede callado. El enemigo pone en la balanza *Ideales—Dinero* y pregunta ¿Cuánto valen tus ideales?, si el capturado se pone terco o sea, se mantiene firme, lo que sigue es *tu ideal o tu vida*. Si el revolucionario aun continúa firme, lo que sigue es *la muerte*; pero si el "revolucionario" es de carácter flojo; lo que sigue es el Dialogo Negociación, Traición Revolucionaria y Alianza con el enemigo. Esto más simple NO PUEDE SER.

La dirección de las F.P.L. estaba integrada por elementos procedentes de familias de capas medias y quizá algunos de procedencia pequeño burgueses; por estas razones, no era posible que tuviesen ideales firmes, tal como los tenía el Comandante MARCIAL. La dirección de las F.P.L. no era capaz de llegar a un final triunfante de la guerra civil, no fueron capaces de llegar hasta las últimas consecuencias y gritar a pecho limpio "Revolución o Muerte, el Pueblo Armado Vencerá". Para la dirección fue más fácil cambiar esta consigna por la que murieron 70,000 personas y 30,000 desaparecieron. Crearon una nueva consigna "Perdón y Olvido", lo que significaba que había que *perdonar* a los asesinos del pueblo, e incluso olvidar lo sucedido.

¡Que descaro más grande! Se colocaron a la par de los asesinos gobernando juntos y gritando "ganamos", "ganamos".

El que fue líder de la guerrilla llamada Ejército Revolucionario del Pueblo E.R.P. en su vida práctica ha demostrado que nunca fue revolucionario.

Mi participación en la Guerrilla Salvadoreña se desarrollo un 50% en la primera etapa, o sea en el momento que trabaje en las tareas de incorporación del pueblo, en el proceso de lucha para su propia liberación. Un 50% en la segunda etapa, cuando ya existía un ejército rebelde capaz de enfrentarse en batalla contra el ejército de los ricos. En 1974, ingresé como simpatizante de la guerrilla denominada F.P.L. llegue a ser miembro efectivo de la misma en 1977. Renuncie en 1983, juntamente con 7 u 8 compañeros mas, cuando descubrimos la traición de la Dirección, mas adelante entrare en detalles sobre ello.

Al final aparecen algunas reflexiones del porque la guerra de liberación fracasó en El Salvador: Sin embargo, no toda la vida pasaré lamentando lo sucedido. Esta negativa experiencia debe quedar en el pasado. Hoy vivimos un nuevo momento histórico. Para bien o para mal, la guerra terminó. El momento histórico de guerra paso y no podemos, ni debemos regresar a ello. La gran verdad es que el F.M.L.N. murió como Ejercito Rebelde y nació como Partido Político Electoral de primer orden en la vida política de El Salvador. Hoy solo me queda decir que entre todos los malos partidos políticos de El Salvador el F.M.L.N. es lo mas conveniente para el pais; por mi intenso amor a mi pueblo, hoy no me queda otra alternativa, mas que apoyar al F.M.L.N.

III Escenario

De la Guerrilla al Exilio, es una historia de la historia de El Salvador; que habla de mi participación de mas de diez ano en la Guerra Civil.

Para comprender mejor esta historia debo hablar un poco del escenario donde esta se desarrollo.

Escenario Geográfico

El Salvador es uno de los cinco países de Centro América, mide aproximadamente 21,000 km2, con una población cerca de 9,000,000 de personas y un terreno de muchísimos volcanes; entre volcán y volcán se extienden fértiles llanuras, utilizadas para el cultivo de caña de azúcar, algodón, maíz y hortalizas; sus volcanes están cultivados de café y árboles frutales. Su clima tropical favorece mucho la agricultura. Poseía una infra-estructura de magnificas carreteras que le dieron una gran perspectiva al desarrollo de la industria y agricultura; contaba a la vez con un moderno puerto (Acajutla) y un magnifico aeropuerto (Comalapa).

Escenario Político

En El Salvador por muchas décadas gobernado políticamente por las Fuerzas Armadas; realizando cada 5 años elecciones "DEMOCRATICAS" para elegir nuevo presidente. Todo el tiempo, las elecciones fueron ganadas por FRAUDE descarado, vergonzoso y criminal, siempre con el visto bueno de E.E.U.U. actuando como PADRINO.

Escenario Económico-Social

Un alto porcentaje del territorio nacional en manos de un puñado de familias, que además de ser dueños de la tierra, eran los dueños de la Banca, la Industria y el Comercio. Mientras, por otro lado, la inmensa mayoría de la población, trabajando por un miserable salario, en las empresas de ellos. Existía alrededor de un 60% de analfabetismo con una gran dosis de insalubridad e insuficiente atención médica. Vida de rey por un lado y vida de esclavo por el otro.

Escenario Militar

La alianza entre los altos mandos militares con el reducido grupo de avaros millonarios y teniendo como padrino al Gobierno de E.E.U.U. sumían a la población salvadoreña en una extrema pobreza económica, acompañada por un ambiente de terror estatal Si un ciudadano protestaba por algo injusto de inmediato era señalado como un COMUNISTA, era capturado y desaparecido.

IV Predicción

El dilema para cada quién, es CREER o NO CREER en una predicción. Sobre ello, solo la propia experiencia y el tiempo, dirá la verdad.

El autor de estas líneas ha sido profesor de Educación Primaria; desde 1964 hasta 1978; cuando renuncié a mi trabajo, para incorporarme a tiempo completo a las tareas de la guerra civil que mi país El Salvador libraba.

La Asociación Nacional de Educadores Salvadoreños (ANDES 21 de Junio), fue fundada en 1965 a la cual pertenecí desde sus inicios.

Para el año 1972, fui secretario general de ANDES en mi ciudad natal Quezaltepeque; para ese mismo año Salvador Sánchez Cerén era Secretario de Organización de mi seccional y yo quería que, para el periodo próximo, cambiáramos de puesto; el seria Secretario General y yo seria Secretario de Organización; para hablar de ello, nos citamos en un bar. Después de tomarnos un par de cervezas, yo le conté que cuando fui un niño de mas o menos 10 años, le ayudaba a mi mama a cuidar al bebé de la casa, mi hermanito Jorge, de solo un año de vida, y con él en brazos, salí a la puerta de la calle de mi casa, cuando a ese momento una señora pasaba frente a nosotros y mirando a mi hermanito me dijo que deseaba hablar con mi mama, al pasar adelante, mi mama le pregunto en que podía servirle, inmediatamente la extraña señora respondió así:

"El bebé que ese niño carga en brazos va a tener una muerte horrible" Al momento que esta extraña señora pronunciaba esa sentencia, mi otro hermanito, de mas o menos 4 años de edad, pasaba corriendo enfrente, entonces la mujer agregó: "ve, ese otro niño morirá junto con este y además la que será la esposa de este bebé, también morirá con ellos".

Esta tenebrosa platica entre mi mama y la señora, se desarrollo frente a mi, por lo tanto, la señora poniendo sus ojos sobre mi dijo: "Este niño se casara dos veces y tendrá un total de 9 hijos, una de sus esposas será viuda y con hijos que él adoptara como suyos y ella será del Departamento de Chalatenango, además este niño participara en 2 guerras de las que saldrá con vida, pero será calumniado y envidiado por sus compañeros de armas, viajara por muchos países alrededor del mundo. También estará dos veces en la cárcel y en una de esas estará en medio de los criminales más criminales del país en ese momento; pero el se ganara el respeto de ellos y le nombraran su jefe de celda; además sufrirá 2 o 3 enfermedades, pero si sobrevive de los 50 años de edad, morirá de viejo y será un hombre popular".

La señora dijo otras cosas que no me atrevo a escribir, porque todavía no han sucedido y que seria mejor que no acontezcan. Mamá le regalo 0.25 centavos y la señora se fue, pero mi mamá quedo preocupada; esa noche no pudo dormir bien, pensando en cual seria realmente, el futuro de sus hijos.

Salvador Sánchez Cerén, me escucho sin interrupción alguna, esa es una buena característica de él, pues siempre primero piensa antes de hablar, lo que le permite, equivocarse menos. Todos sabemos que quien mucho habla, mas se equivoca, aunque después se lamente.

Tranquilamente, Sánchez Cerén con una sonrisa en la boca, me dijo así: "TU no debes creer en esas cosas, yo te contare lo que una gitana predijo sobre mi, ya veras como te demuestro que no debes creer en esas tonterías". Esa señora dijo: que "cuando yo fuera el PRESIDENTE DE LA REPUBLICA, el país entero, vivirá una época de gran prosperidad y agrego que yo como Comandante en Jefe del Ejercito Nacional iba a ser un hombre muy querido y respetado por todos". Imagina tu, "yo como jefe máximo del ejercito, con lo mucho que les odio, porque reprimen y matan a la clase obrera de nuestro país. Lo que la gitana dijo de mi, no se puede creer, pero ni en sueños. Vos debes olvidar esa predicción, porque solo son mentiras que alguien inventa para ganar unas monedas.

V Trabajo Gremial

La Asamblea de Profesores de ANDES 21 de Junio Seccional Quezaltepeque, se realizó así como había sido planificada y Sánchez Cerén fue elegido como su nuevo Secretario General, yo pase a ocupar el cargo de Secretario de Organización.

Para la toma de posesión, invite a la Doctora Melida Anaya Montes; para esa época, ella era Secretaria General del Consejo Ejecutivo de ANDES.

En futuros periodos, Salvador Sánchez Cerén y yo, pasamos a formar parte de la Directiva Departamental, él como Secretario General y yo Como Secretario de Organización. Para el año 1975, Salvador fue nominado como candidato a Secretario de Finanzas del Consejo Ejecutivo, la elección se realizaría en el Congreso Anual de la Asociación, el cual duraría 3 días y tendríamos 500 invitados. Este congreso era integrado por 10 profesores de cada departamento de la República mas el Secretario General de la Directiva Departamental, pero en este caso yo como Secretario de Organización ocupaba interinamente el puesto de la Secretaria General, razón por la cual, seria el encargado de la comitiva de mi Departamento, La Libertad.

El año de 1975, fue muy importante, porque en este congreso se discutiría la Política de Alianza entre profesores, obreros, campesinos, pobladores de tugurios, estudiantes, profesionales y demás sectores organizados del país; todo ello, con el objetivo de unir esfuerzos e impulsar una mejor lucha de reivindicaciones en el campo, salarios y demás prestaciones a las que todo ciudadano tiene derecho. De los acuerdos de este congreso fue que nació la organización llamada BLOQUE POPULAR REVOLUCIONARIO (B.P.R.) y que en su máximo esplendor llegó a movilizar mas de medio millón de manifestantes, desfilando en las calles de San Salvador, para exigir al Gobierno un alto al terrorismo de estado contra la clase obrera, a la par de ello, también se exigía mejores prestaciones salariales, como también de salud.

Para este congreso de ANDES, yo como jefe de la delegación de mi Departamento, Melida Anaya Montes, me hizo llegar la nómina de nombres y cargos, que ella quería en el Nuevo Consejo Ejecutivo de la Asociación, que en esa ocasión, se iba a elegir, y que nosotros teníamos que votar 100% de acuerdo a la lista que ella había proporcionado. En lo personal, eso a mi me pareció como una imposición, se sobre entendía que no iba a ser una elección "Libre y Democrática" y en pleno desarrollo del congreso y en el momento oportuno, yo denuncié la maniobra y pedí a mis compañeros de mi Departamento a abstenerse de votar, alegando, que el Nuevo Consejo Ejecutivo, ya estaba elegido por la Dra. Melida Anaya Montes por lo que no valía la pena la votación.

Mi moción de abstención de votar, fue secundada por los Departamentos de Sonsonate, Santa Ana y Ahuachapán. No tengo dudas que entre los invitados estaban presentes muchos miembros de la Dirección de las F.P.L. y que me conocieron muy bien y me ficharon.

Para ese año 1975 Yo, ya había sido aceptado como simpatizante de las F.P.L. y en su estructura era miembro de una célula de estudio Político-Ideológico y desempeñaba tareas en el área de masas. Fue al seno de la célula donde me llego la primera sanción por mi actitud mostrada en el congreso Magisterial—la sanción consistió en que yo, desde ese momento, no podía estar presente cuando en la célula, se discutiera un tema transcendental en la vida de las F.P.L. Esta sanción me hizo adivinar que la Dra. Melida Anaya Montes era miembro de Dirección en las F.P.L.

VI Primeros Pasos Revolucionarios

Para el año 1960, que se da el triunfo de la revolución Cubana, Yo tenía 17 años, y estudiaba noveno grado. Un amigo de mi papá, le pasaba panfletos del Partido comunista Salvadoreño (P.C.S.), los panfletos hablaban sobre Cuba y sus avances Político-Revolucionarios. Mi papá no tenía ningún interés en conocer nada sobre su contenido, y los panfletos sin leerlos, estaban por cualquier parte de la casa, hasta que mi mamá, previno a mi papá que esa literatura era prohibida por el gobierno y que esos panfletos, tenían que ser quemados. La gran ventaja fue que yo, ya había leído esa propaganda y que despertó en mi el interés de conocer más sobre la hazaña de Fidel Castro, su hermano Raúl y el Che Guevara en Cuba. Por medio de esos panfletos, descubrí que Radio Habana se podía escuchar todos los días a las 3:00 am y por honda corta; Desde entonces yo me mantuve al día de todo lo acontecido en Cuba, soñaba despierto con que llegara el día en el que yo pudiera saludar personalmente a Fidel Castro y su partido. A Fidel le comparaba como al ratoncito del cuento, que fue capaz de ponerle el cascabel al gato, para descubrirle a tiempo y no siguiera haciendo daño, no solo a Cuba sino a toda América y otros países del mundo. Que maravilla hoy el GATO de GRINGO-LANDIA tiene un cascabel al cuello (ese cascabel es Cuba).

En 1970 llegue a ser miembro efectivo del P.C.S. pero con solo 3 años de militancia fue suficiente para que descubriera, que ese partido, no era capaz, no era lo suficiente capaz de poder abanderar una autentica revolución en nuestro país. Después de serios cuestionamientos a la dirección del partido, convoque, en mi casa a una Asamblea de miembros pertenecientes a la zona occidental del país. Fuimos 30 miembros que ante la presencia de Shafik Handal y otros miembros de dirección, cuestionamos la línea operativa del partido, ante la terquedad de la Dirección, todos renunciamos a su membresía y la mayoría optamos por buscar nuestra incorporación a la naciente organización Político-Revolucionaria, llamada Fuerzas Populares de Liberación Farabundo

Martí (F.P.L.), comandada por el compañero Salvador Cayetano Carpio (Comandante MARCIAL).

Una tarde de 1974, al regresar de mi trabajo a casa, mi sorpresa fue encontrarme esperándome, nada menos que al comandante MARCIAL, él estaba allí para verificar si yo efectivamente estaba en la disposición de incorporarme a la guerrilla. El conoció a mi esposa Denny y a mis cuatro primeros hijos, yo le encontré jugando con ellos. Entre otras cosas me dijo: " Tu tienes el valor de dejar a tus hijos por largos ratos, para aceptar tareas de la guerra?". Ante esta pregunta mi respuesta fue categórica, respondiendo así: "Por el bien de ellos y de todos los niños que sufren miseria en mi país, la decisión, ya esta tomada, acepto las tareas que la guerra demande". A continuación me bauticé con el nombre de TOMAS. (A propósito escogí el nombre de Tomás, pensando que Tomás fue un Apóstol de Jesús y que según la Biblia, dijo "Hasta no ver, no creer", ello porque en mi mente, el triunfo de una revolución, no se encuentra a la vuelta de la esquina, una revolución requiere de muchísimas y diversas tareas y no solo en la destreza de manejar un fusil, yo desde un principio sabia con toda claridad, de la vida sacrificada de un guerrillero.

Marcial se retiró de mi casa, dejándome un contacto con seña y contraseña para encontrarme en la calle con un `X´ compañero que seria mi responsable dentro de la organización, en la que había sido aceptado con el calificativo ó grado de SIMPATIZANTE. Como dije en el capitulo anterior, fui colocado en el seno de una célula de estudio Político-Ideológico, aquí recibí otra sorpresa. Mi responsable directo resulto ser Leonel González. Después de Simpatizante, pase al siguiente escalón, que era ASPIRANTE A MIEMBRO, Hasta que en 1977 fui juramentado como Miembro Efectivo de la Guerrilla (F.P.L.). El largo período que pasé como Simpatizante, fue debido a la metida de pata, cuando en 1975, critiqué en el congreso de ANDES 21 de Junio a la persona, que sin darme cuenta, era la segunda comandante de las F.P.L. Al momento que me juramentaron, me dijeron que yo era el miembro numero 179 de la organización. Ustedes podrán notar que no éramos muchos, pero que pesábamos mucho, muchísimo en la vida política de la Nación. Al momento de ser juramentado, me entregaron mi arma personal.

VII Lucha Armada

El "Libro Blanco" llamado así por no tener ningún nombre en la pasta que fue escrito por MARCIAL, era como el ABC de todo guerrillero. Su contenido era el diseño completo de la línea estratégica y tácticas de la naciente organización revolucionaria F.P.L. contenía todo el proceso, desde el inicio de la guerra hasta llegar a las batallas que decidirían el triunfo de la revolución. Este libro era estudiado en todas las células de la organización. En su contenido además hablaba: de métodos de trabajo y normas que regirían a toda su membrecía. Las relaciones afectivas entre compañeros y compañeras, abarcaban un extenso espacio, recuerdo que una norma era: al iniciar una relación afectiva entre un compañero y una compañera, era obligación de estos, informar inmediatamente a la célula donde se controlaba su militancia y obtener el permiso del jefe correspondiente.

Como simpatizante de las F.P.L. solo desarrolle tareas en el trabajo de masas, pero en 1977, cuando ya fui juramentado como miembro efectivo de la organización, comencé a desarrollar tareas en el campo estrictamente militar, acciones armadas que poco a poco me dieron confianza, valor y habilidad en el manejo de las armas. En 1977, fue precisamente Ana María (Melida Anaya Montes) que por medio de (Leonel González) Salvador Sánchez Cerén, me convoco a una reunión, para levantarme la sanción de no estar presente cuando en el seno de la célula se discutieran temas importantes en la vida de la organización, ella me confirmo que desde ese momento, yo pasaría a formar parte del naciente Ejercito Revolucionario, con el cargo de jefe de escuadra de la guerrilla urbana, como dije antes, yo, ya había pasado un riguroso entrenamiento militar y había cumplido tareas secundarias en la realización de transcendentales acciones militares, las cuales habían sido gran noticia nacional e internacional. A corto tiempo de ser Jefe de Escuadra me ascendieron a Jefe de Pelotón y para 1978, ya era miembro de Estado Mayor del Frente Metropolitano. Este último nombramiento casi fue nominal porque a continuación me asignaron tareas de inteligencia para comenzar el camino de penetración al ejército enemigo, como una táctica especial.

Estas tareas me obligaron a renunciar al magisterio, para incorporarme a tiempo completo a las tareas que el desarrollo de la guerra revolucionaria exigía. Ante ello, la Dirección de los F.P.L. se comprometió a pasar una ayuda económica mensual, para el sostenimiento de los gastos de familia.

VIII La Familia

Procedo de una familia de escasos recursos económicos, con suerte, después de estudiar 9° grado, estudie para profesor de Educación Primaria y después de ser profesor estudie Bachillerato, ello, con la idea de ingresar a la universidad. Mis tres hermanos menores fueron expulsados de casa, aun siendo muy jóvenes 14, 16 y 18 años.

"La Predicción" decía: que yo seria casado dos veces y que la viuda con la que me casaría, seria del Departamento de Chalatenango.

Mi primer nombramiento como profesor (1964) fue para la Escuela Urbana Mixta de las Vueltas en Chalatenango, pero yo teniendo en cuenta la predicción rechace ese nombramiento y acepte la 2ª oferta de trabajar en el Departamento de Ahuachapán.

La mayoría de papas de la época fueron demasiado estrictos con sus hijos, yo crecí sin saber nunca, lo que era tener un juguete en mis manos y lo que es todavía peor, sin saber lo que era ni la mas mínima atención de mis papás, lo que si recuerdo eran los fuertes castigos corporales por cosas insignificantes, propias travesuras de un niño normal. Los castigos corporales eran a diario e incluso siendo ya un adolescente, lo cual me hizo pensar seriamente en el suicidio, al no tener valor de hacerlo, se me ocurrió fugarme de casa, pero al no aguantar el frío de la calle, a las 10:00 pm regrese a casa diciendo una mentira. Por fin termine de estudiar y obtuve el titulo de profesor de Educación Primaria.

Cuando recibí el nombramiento de trabajo, para mi primera escuela, mi edad era de 20 años y me despedí de casa con la idea en mente de JAMAS VOLVER, Aquí sucedió un incidente, resulta que cuando ya estaba sentado en el bus con destino a mi trabajo, de pronto apareció a la puerta, mí Padre y que me dijo: "solicite permiso en mi trabajo para acompañarte e ir a dejarte y a la vez conocer el lugar donde trabajarás", yo le respondí que eso no era necesario, pero por nada logre que se bajara.

Al llegar a mi destino, de inmediato me hizo quedar en RIDICULO porque le dijo a la Directora de la escuela que a ella le dejaba como encargada de cuidarme y protegerme, que ella debería estar al cuidado de que me acostara temprano y mil cosas mas, la prevención de mi papá era que él, administraría mi salario. Pero mi deseo era todo lo contrario, JAMAS REGRESAR A CASA.

Mi papá sufrió una gran frustración porque al llegar la vacación de fin de año escolar, yo no regresé a casa, esto hizo que en el futuro, él corriera de casa a mis hermanos menores. A corto plazo de estar trabajando , yo tenia varias admiradoras y luego una novia, de modo que cuando llego Noviembre y la vacación de fin de año escolar, para no vivir solo, pedí a mi novia, que se fugara conmigo, así fue, rentamos un pequeño apartamento en San Salvador, como se puede denotar esta decisión de llevarme a mi novia, fue un pensamiento arrebatado, porque tanto ella como yo, no estábamos preparados para esa responsabilidad y además no tuvimos tiempo de conocernos mejor, esta relación estaba destinada al fracaso. Como era de esperarse, al principio, todo fue color de rosas, pero al pasar el tiempo, afloraron las dificultades. Nuestra primera hija nació un año después (6 Noviembre 1965).

Nuestro hogar en 1966 se convirtió en un verdadero infierno y me vi obligado a solicitar traslado para dejarla. Después de 6 meses nos volvimos a juntar. En total nos separamos 4 veces y después de juntarnos de nuevo, nacía otro hijo, fue al nacer nuestro 3° hijo que yo me case con ella, para demostrarle que de verdad le amaba, pero el infierno continuaba cada vez peor.

Siendo miembro de las F.P.L. y de acuerdo a las normas de la guerrilla exprese mi intención de dejarla, pero la dirección, no estuvo de acuerdo en mi separación de ella, tiempo mas tarde exprese nuevamente mi deseo de separación y tampoco fue aprobado, fue hasta después de esto, que opte, por una separación de hecho y sin consultar con nadie, me separé, al final, el problema solo era mío y no de mi organización política.

Aquí apareció otro problema, anteriormente yo explique, que cuando renuncie a mi trabajo asalariado, la Dirección de las F.P.L. se comprometió conmigo a cubrir la cuota económica para la sobre-vivencia de mi familia, cada mes alguien de la Comisión Nacional de Finanzas de las F.P.L. hacia llegar a manos de mi esposa, la cantidad de dinero acordada. ¿Qué pasará cuando descubran que nos separamos? Más adelante lo explicaré.

IX Que Es Ser Revolucionario

Lo primero para pretender ser revolucionario, es revolucionar su propia mente. Esto significa, adquirir un compromiso consigo mismo, que le permita una conducta muy diferente al grueso de la población.

Un hombre o mujer con firmes ideales revolucionarios debe ser o tener:

- Una gran dosis de amor a su pueblo
- Ser valiente y capaz
- Ser un buen hijo-hija
- Magnifico esposo-esposa
- Ejemplar padre o madre
- Gran camarada
- Dedicado estudiante
- Tener gran amor patrio
- Debe saber improvisar
- Debe ser ordenado o metódico
- De mucha comprensión
- Debe ser observador y analista
- Dispuesto a cualquier sacrificio, etc.

Revolucionar es cambiar y esto en el campo político es colocarse al margen de la ley y puede conducirnos por el camino de la muerte, tomar conciencia de esto nos obliga a ser cautelosos o precavidos y muy responsables de nuestros actos, en cada movimiento que hacemos.

El enemigo de la clase obrera ó sea los ricos y su ejercito, están rodeados de una caparazón de legalidad, lo que incluye: leyes é instituciones por lo que el revolucionario no solo expone su propia vida, sino también la seguridad de su propia familia. El enemigo si no puede capturar al guerrillero, se ensaña contra su familia, el enemigo es cruel y despiadado.

El miedo es algo natural en todos los humanos, al principio, siente miedo el guerrillero, como también siente miedo el soldado enemigo. Sin embargo, el mismo desarrollo de los acontecimientos hace que poco a poco, se temple el valor del combatiente. Esto principalmente en el lado de la revolución porque se pelea por ideales político-ideológicos y no por un salario. Por ello se dice que un guerrillero, tiene 10 veces el valor de un soldado, policía o guardia al servicio de la oligarquía.

En el total de años que estuve en la guerrilla, nunca me emborrache y cuando tome algunas cervezas fue porque el desarrollo de la tarea encomendada, me lo exigía, mi presencia en ese lugar, obedecía a tareas de inteligencia o de contra inteligencia . . .

X Algo Más Sobre Las F.P.L.

Los Partidos Comunistas de América Latina eran prohibidos por las leyes de cada país, por ello su funcionamiento era desde la clandestinidad, esto limitaba un gran porcentaje de su desarrollo e injerencia política de cada país. Sus dirigentes fácilmente cayeron en el oportunismo de izquierda, llegando a revisar el Marxismo-Leninismo y adaptarlo a sus conveniencias, lo cual les llevo a una miopía política, en otras palabras, ellos no fueron capaces de hacer una interpretación correcta de la realidad del momento histórico que se vivía. El P.C.S. vivió 10 años de lucha ideológica interna (1960—1970). Su secretario general, Salvador Cayetano Carpio, al comprender que el resto de la Dirección no deseaban dar el paso, que el momento histórico exigía, opto por separarse del P.C.S. y crear la organización guerrillera llamada Fuerzas Populares de Liberación F.P.L. (Cayetano, solamente fue seguido por dos compañeros más—1º de Abril de 1970)

Esta organización y de acuerdo al libro Blanco escrito por Marcial, seria una organización con estrategia de guerra popular prolongada. Para comenzar, actuaría como una guerrilla Urbana, ello para enseñarle al pueblo como se debe responder al Gobierno, para exigir respeto hacia la clase obrera. Ejemplo: si las manifestaciones obreras son reprimidas, la respuesta obrera deberá ser acciones armadas contra los Represores.

¿Por qué las F.P.L. crearon una estrategia de guerra popular prolongada?

Guerra porque la practica había demostrado que los medios pacíficos habían caducado.

Popular porque solo el pueblo, puede liberar al pueblo, en otras palabras, solo la participación de todo un pueblo en su propia guerra de liberación es lo que garantiza y le pone condimento al triunfo.

Prolongada porque la incorporación del pueblo, en su propia guerra, no es tarea de un día, la organización necesita tiempo y grandes esfuerzos de trabajo de hormiga, para incorporar a la población en su línea estratégica de guerra. Comenzando de lo mas simple hasta llegar a lo mas complejo, ó sea hasta llegar a los combates finales hacia la toma del poder político militar de la nación entera.

Las F.P.L. heredo una tarea histórica llamada de Justicia Social, tarea que el P.C.S. fue incapaz de cumplir: Recordemos que en 1932 el tirano General Maximiliano Hernández Martínez Presidente de El Salvador por 14 años, asesinó aproximadamente 30,000 personas de la zona occidental del país. Asesinó también a Farabundo Martí junto con Alfonso Luna y Mario Zapata, los gritos de Justicia Social y ajuste de cuentas pasaron a la historia como una tarea pendiente por largos años sin que nadie se atreviera a firmar el pasaporte del tirano Maximiliano, hacia el mas allá .

En 1944, el hombre salió sonriente, intacto y satisfecho con rumbo a Honduras, allí, compro una hacienda donde vivió tranquilo, hasta que un día, murió de viejo, con estampilla de viaje expreso quiso entrar al cielo, pero supongo que allí San Pedro, con raqueta en mano le envío para siempre al infierno. Como para que no se sintiera solo, las F.P.L. le siguió enviando compinches como el General Medrano, creador de la fatídica organización para-militar llamada ORDEN.

XI Entrenamiento Militar (1º Parte)

De acuerdo a lo que la Dirección de las F.P.L. me dijo, en 1978, yo había sido calificado como uno de los 30 mejores guerrilleros del año y que por ello, habían acordado enviarme al exterior a recibir entrenamiento militar especial, en el campo de la Seguridad. En mi ausencia de un año o más, la Dirección, se comprometía a continuar asistiendo económicamente a mi esposa e hijos. Para esta época yo estaba de hecho separado de mi esposa, digo separado de hecho, porque ellos no aceptaban mi separación oficial. Éramos una comitiva de 30 compañeros llevando como primer jefe a Roberto Sibrían, segundo jefe, Felipe y tercer jefe, Yo (Tomás).

A poco tiempo de estar en el cuartel de entrenamiento, llegaron 30 compañeros mas, siendo el compañero Hugo, jefe de la delegación. Recibíamos un entrenamiento académico militar completo, estudiábamos 15 horas diarias. Llego Mayo de 1979, los Sandinistas en Nicaragua, estaban en lo mas fuerte de su Guerra Civil contra el Dictador Anastasio Somoza; ante ello la Dirección de las F.P.L. determino interrumpir nuestro entrenamiento para mandar una brigada nuestra de 30 combatientes a incorporarse en la lucha Sandinista.

XII Nicaragua

Yo tuve la suerte de haber sido elegido para integrar la Brigada Salvadoreña, que iría a Nicaragua.

Siempre   Roberto como 1º jefe,
              Felipe como 2º Jefe
              Tomas como 3º jefe

Entramos a Nicaragua, por el puesto fronterizo de Costa Rica, llamado "Peñas Blancas" La brigada fue distribuida entre los diferentes destacamentos, a lo largo de la línea del fuego. Se me entrego un fusil Checo y una ametralladora 7.12 de fabricación Rusa, la razón de ello, es que me designaron a una brigada encargada de mantener el terreno, recuperado anteriormente por otras brigadas, esto implicaba que yo, aunque estuviera en la línea de fuego, la oportunidad, de entrar en combate, era menor. En esta brigada, también estaba Hugo. Para manejar la ametralladora, me asignaron a dos combatientes más, que me ayudaban en los momentos de transportar las partes. En el mes de Julio la Brigada Salvadoreña sufrió 7 bajas (4 muertos, 3 heridos). Ello sucedió por la estupidez de un jefe Sandinista que a lo mejor no sabia nada de tácticas de guerra, ingenuamente coloco a dos compañeros en un lugar inapropiado. Al ser atacados por los guardias Somocistas; los Sandinistas huyeron todos y solamente los salvadoreños acudieron en su ayuda, por supuesto, todos los salvadoreños fueron heridos, resultando 4 de ellos muertos. Estoy 100% seguro que mis compatriotas obedecieron cubrir el puesto asignado, solo por disciplina militar y no por desconocimiento de táctica. Felipe era uno de los heridos. Roberto salió con los heridos hacia Costa Rica.

El día 16 de Julio de 1979, me trasladaron al destacamento que había sufridos las 7 bajas, el traslado era para que yo entrenara a un compañero de ese puesto, en el manejo de mi ametralladora (de trípode) de 7.12 calibre. Después de haber completado el entreno, le mandaron a ocupar el puesto en donde habían caído los Salvadoreños. Este joven Sandinista NO ACEPTO la orden; en el transcurso del día prepare a otros 2 compañeros Sandinistas, uno después del otro, y ellos también rechazaron la orden de colocarse en el puesto asignado, porque consideraban que ese lugar era como una condena a muerte. El jefe Sandinista quería colocar la ametralladora a solo 3 metros del Bosque Espeso, dominado por los Guardias de Somoza; para el lado nuestro había un claro de Bosque que nos dividía de ellos, además de una pendiente bastante pronunciada. El mejor puesto para la estratégica arma, era colocarla lo más cerca posible de nuestro Bosque y no cerca del Bosque enemigo. La cabeza, de este jefe Sandinista, no podía pensar, que el mejor lugar para la ametralladora, tenia que ser en la cima del cerro y no en la sima del mismo.

Cuando ya era las 6:00 de la tarde y nadie de los entrenados aceptó el puesto nominado "condena de muerte" el jefe Sandinista me dijo: "Tomás, si ninguno de mis soldados me obedeció en cubrir el puesto ordenado, tú te quedaras cubriendo ese lugar" . . . . Por supuesto que yo también rechacé acatar esa orden, a menos que me dejara a mi, escoger el lugar para colocar el arma. Ante su terquedad, yo alegué, no conocer bien el terreno, que el puesto no era el correcto y que además ya era noche. Inmediatamente el compañero Jefe Sandinista, me mandó a comer "M" y me pidió que inmediatamente abandonara el destacamento.

Era una noche sin luna, una noche totalmente negra y al no encontrar el camino hacia mi destacamento, me quedé haciéndole compañía al último hombre de la línea de fuego. Era un joven de más o menos 16 años, procedente de Costa Rica, entre otras cosas, yo le pregunte, porqué él se encontraba incorporado en la guerra. El joven soldado me respondió así:

"Yo he visto en las películas, que cuando un joven regresa de una guerra, es recibido en su pueblo como un héroe y las chicas desean estar con él". Esta respuesta me dejo convencido que este combatiente no tenía ningún principio político-ideológico, por lo tanto no podía ser buen combatiente, o sea, que no era digno de confianza en el combate. Acordamos hacer turnos de vigilancia de 2 horas cada uno, mientras el otro dormía. Por la media noche me despertó y exigía que yo disparara hacia un lugar donde él había escuchado ruido de ramas. Por supuesto que me puse en alerta pero no quise disparar, pensando que podía haber sido el paso de un animal de los muchos que viven en la montaña, él hizo varias descargas de su fusil. Después de 15 minutos, apareció el jefe pidiendo explicación de los disparos. El joven soldado, sin esperar mucho, me señalo a mí como el autor del escándalo.

A los primeros rayos de sol, apareció nuevamente el jefe y sin darme oportunidad de defenderme, me despidió del destacamento y me amenazó, que en ese mismo momento, pasaría a los altos jefes el informe correspondiente. Me retire tranquilamente a mi destacamento e informé todo lo acontecido. Mi jefe me dijo: "Tomás, no te preocupes por ello, y olvídalo".

Como anteriormente narre, para el manejo de la ametralladora 7.12, contaba con la ayuda de dos combatientes. Uno de ellos era Nicaragüense con residencia en E.E.U.U., alto, blanco, fuerte; que al conocer de la situación política de su país, no vacilo en pagar el avión e inmediatamente regresar a su patria para incorporarse al ejercito popular, rápido aprendió como ensamblar y manejar la ametralladora, con la única dificultad que era tan miedoso que no quería salir de su trinchera y se cagaba dentro de ella; lo admirable fue, que el si acepto cubrir el puesto que nadie quiso cubrir el día anterior, en el destacamento vecino, a lo mejor el acepto debido a su gran patriotismo ó tal vez por no conocer nada de tácticas de guerra, ó por no saber los antecedentes, en relación al lugar especifico donde murieron mis compatriotas. A este amigo lo salvaron las circunstancias, pues una hora mas tarde de haberse colocado en el puesto de condena, ó sea más o menos a las 6:00 pm. (17-07-1979) urgentemente, se nos avisó que estábamos totalmente rodeados por el enemigo. La Dirección Sandinista nos daba 15 minutos para concentrarnos en "x" lugar de la montaña y de allí partir rumbo a *la Calera*.

La Calera, era el nombre del lugar donde estaba la Base Sandinista del Frente Sur, a más ó menos una distancia de una noche de camino. Recuerdo que solo llegamos al punto de concentración, cuando el jefe gritó . . ."Síganme y sálvese el que pueda", "nos veremos en La Calera". En ese momento de angustia, comenzó a llover, era una noche sin luna y tan obscura que para no perdernos, se oriento colocar la mano izquierda en el hombro del compañero anterior.
Ante la frase "sálvese el que pueda", el ejercito Sandinista se desbordó por ocupar los primeros puestos de la fila en fuga, no podría ser para menos, el enemigo solo estaba a 200 metros. Por primera vez en el combate, estábamos reunidos todos los Salvadoreños y ante el cuadro que mirábamos ante nosotros, los compañeros dirigiéndose a mi, como su jefe, me preguntaron: "¿Qué hacemos?, a lo que respondí: "Voten toda la comida ó quédense con lo que llevan en la bolsa del pantalón", "nos quedaremos a la retaguardia de la columna y atendamos la orden de retiro, colocando la mano izquierda sobre el hombro del compañero que nos precede . . . .". "Adelante! En marcha."

Iniciamos la marcha de retirada por unas hondonadas del terreno, el enemigo estaba en las partes altas, llovía torrencialmente, los rayos y relámpagos iluminaban la vereda, por la cual nos deslizábamos despacio y muy callados, así poco a poco nos escurríamos de la montaña. Truenos, relámpagos y disparos, perseguían nuestros pasos, fue una noche inolvidable, yo precisamente era el último de la columna en fuga y Hugo el penúltimo, además, el era el que me seguía en el mando de nuestra brigada. Los Somocistas quizá nos llevaban a 5 minutos de camino, porque recuerdo que solo había terminado de atravesar el río, cuando les vi pasar por la vereda caminando río arriba, por el hecho de habernos atravezado el rio, nosotros les ganamos 30 minutos de ventaja, esto lo digo, porque a La Calera llegamos a las 6:30 am.

Era el 18 de Julio 1979, a las 7 am, el enemigo se presenta y se inicia el combate y a pocos minutos sufrimos 3 bajas, tres compañeros Sandinistas habían muerto, entre ellos un Tico muy apreciado por su valentía en el combate. Los aviones de Somoza descargaron bombas todo el día, el 50% de la cocina Sandinista, había sido destruida por la aviación y el camino hacia ella estaba bloqueado por el enemigo. Las ramas de los arboles nos caían encima, ello porque las esquirlas de las bombas, las cortaban de los inmensos árboles, a las 3 pm, todavía no habíamos comido nada, los 22 Salvadoreños nos manteníamos juntos y listos en el combate, dos compañeros habían salido a buscar comida y por fin a las 4 pm almorzamos.

Realmente este día 18 de Julio, los combates solo fueron al momento que los Somocistas pasaban por las cercanías de La Calera, nosotros no sabíamos que eran ellos, los que iban huyendo buscando la costa donde estaban los barcos salvadoreños que les sacarían de Nicaragua, nosotros no sabíamos que la aviación de Somoza nos bombardeaba solamente para mantenernos como amarrados al terreno para que sus hombres pudieran huir tranquilos.

El glorioso día del triunfo fue 19 de Julio 1979. A las 7:00 am se comunicó desde Managua que el Dictador Anastasio Somoza había abandonado el país a la vez se comunicó oficialmente el triunfo de la Revolución Sandinista. Los camiones militares, mas ó menos 30, vinieron al Frente Sur a recogernos para que ese mismo día por la tarde participáramos en el desfile del triunfo sobre las principales calles de Managua.

El compañero Hugo y yo, fuimos seleccionados por el alto mando, para participar en el pelotón que rastrearía la montaña, caminando paralelamente a la carretera Panamericana por donde pasarían los camiones con nuestros compañeros, el último camión nos esperaría en un lugar previamente acordado.

Increíble pero cierto, en esta guerra no tuve la necesidad de hacer, ni un solo disparo, se combatía 100 metros a mi derecha, se combatía 100 metros a mi izquierda, pero mi destacamento nunca entro en combate, como dije antes, ello porque nuestra misión solo era mantener el terreno que con anterioridad, había sido ganado por otros destacamentos, éramos como una verdadera retaguardia.

En la entrada triunfal del Ejercito Sandinista en Managua, desde todos los camiones se disparaba alegremente al aire, yo ni en ese momento quise hacerlo, pensando que los disparos podrían causar pánico en algún sector de la población. Bien tarde del día 19 de Julio, fuimos ubicados en las Barracas del Refugio (bunker), las camas, antes ocupadas por la Genocida Guardia Somocista, hoy las ocuparíamos nosotros.

La Brigada Salvadoreña, si antes éramos 30 hoy solo éramos 22, si los dos primeros jefes no estaban presentes, el jefe inmediato era Yo. Las camas tenían encima la ropa de civil de los ex-guardias de modo que, para poder usarlas nosotros había que quitar esa ropa, ante esta realidad, mi primera orientación fue decir: "Cada uno de ustedes, escoja una camisa y un pantalón de civil, que sea de su talla, eso por si un día se nos ocurre recorrer la ciudad vestidos de civil; el resto de la ropa colóquenla en la esquina del dormitorio."

El día 20 de Julio, en todas las Barracas, amanecieron muchas camas solas, sus ocupantes, se habían fugado con todo y equipo, ello se debía a que la mayoría de combatientes Sandinistas, no veían a su familia, desde muchos meses y deseaban cuanto antes tener ese re-encuentro. La razón era comprensible, sin embargo, retirarse así, era un acto de indisciplina militar, además, se corría el riesgo de seguridad personal, porque este soldado solo en la calle, podía ser atacado por algún renegado Somocista, otro problema era el riesgo de que el Refugio podría quedar solo, por todo esto, el compañero Hugo y yo, decidimos ir de Barraca en Barraca, arengando a los soldados Sandinistas, para que si deseaban visitar a su familia, presentaran un permiso escrito a la Dirección para que todo fuera de acuerdo a una coordinación, para la seguridad de todos. A continuación, todo se dio así como Hugo y yo orientamos. Posteriormente la Dirección Sandinista agradeció nuestra iniciativa.

El día 23 de Julio, decidí que la Brigada Salvadoreña, recorriéramos las principales calles de la ciudad de Managua y que visitáramos el mercado, la Dirección Sandinista, aparte de darnos el permiso, nos entrego 500 córdobas para que compráramos nuestro almuerzo. En fila india, vistiendo uniforme militar y equipo de guerra, salimos al paseo. Sin embargo, hubo un compañero, que aparentando no estar bien de salud, no quiso acompañarnos. Salimos a las 8 am y regresamos a las 4 pm, sin novedad alguna, la novedad la encontré al regresar, verán lo que aconteció: Al apersonarme a la Dirección y reportarme, Ernesto Cardenal me dijo: "Tomas, tu compatriota Ciriaco, estuvo aquí, y reporto que tu a las 12 del día realizaste un SABOTAJE contra nosotros", "dice que tu quemaste una cama, en el centro de la Barraca No.3", "agrego, que el te vio hacerlo". "De antemano, nosotros sabemos que no fuiste tu y que a lo mejor fue él mismo" . . . ."cuídate mucho de él, porque tú tienes un enemigo en tus propias filas".

Cuando Roberto Sibrián regresó de Costa Rica, lugar donde enterraron a los 4 compañeros fallecidos y curaron a los 3 heridos, Ciriaco le dijo lo mismo que antes había dicho a la Dirección Sandinista y además agrego que yo había ordenado desde el primer día, Saqueo del Refugio (bunker). Realmente, lo que Yo oriente fue que cada uno de nosotros escogiéramos una camisa y pantalón de civil. Roberto llego al Refugio y a mi no me dirigió la palabra nunca mas. Yo asustado por ello, le pregunte a Felipe sobre que sucedía con Roberto y el me confirmo que Ciriaco había hablado con Roberto sobre algo de mi que no era muy bueno. Roberto no me dio la oportunidad de explicar nada, ni defenderme, estoy seguro que Roberto informo a la Dirección de las F.P.L. lo que el mentiroso de Ciriaco le dijo a el. La Dirección Sandinista nos despidió con un acto bien significativo y luego regresamos al lugar donde habíamos iniciado nuestro entrenamiento militar, para continuar y terminar el programa

XIII Entrenamiento Militar

Al regresar de Nicaragua y re-iniciar nuestro entrenamiento militar, yo hice amistad con una joven, en una ocasión que ella y yo nos dirigíamos al cine. Ciriaco me encontró en la calle y corrió a decirle a Roberto que mi actitud con la joven era bien atrevida, lo que podía indicar la existencia de una relación afectiva. Para esos días, yo ya estaba separado de mi esposa, deseo recalcar que esta separación no fue aprobada por la Dirección de las F.P.L. pero que yo me sentía hombre libre. También deseo recalcar que desde Nicaragua, Roberto no me dirigía la palabra por haber creído en las intrigas de Ciriaco.

El entrenamiento militar fue excelente y acelerado, lo que un subteniente de la Escuela Militar de El Salvador, estudia en 3 años, nosotros lo estudiamos en 1 año y además cada uno de nosotros se había especializado en áreas diferentes del arte militar. Por ejemplo: Ingeniería Militar, Seguridad, Artillería, etc.

Al llegar el momento de Clausura, todos los compañeros, regresaron inmediatamente al país. A mi me dejaron desconectado de todo control. Fue hasta después de 3 meses que me enviaron nuevamente a Nicaragua, lugar en el que pase otros 2 meses. Las F.P.L. no daban paso para mi reingreso al país.

Supuestamente me habían enviado a estudiar para que a mi regreso me hiciera cargo de la Comisión Nacional de Seguridad. ¿Qué sería lo que paso en un año y medio que estuve afuera?

XIV Reingreso a El Salvador

Cuando por fin aprobaron mi entrada al país, me colocaron en una casa de seguridad y sin adjudicarme tarea alguna, me dejaron allí por muchas semanas.

Cuando busque a mis hijos, me di cuenta que desde hacia 5 meses les habían suspendido la cuota económica para su sobre-vivencia y que ellos aprovechando la temporada de recolectar café, habían ido a trabajar en las fincas de Santa Ana, y ganar así algún dinero. El partido Comunista Salvadoreño, conoció de la mala situación económica que estaban viviendo mis hijos y optaron por ayudar, por lo menos en lo mas esencial.

Aparte de todo ello, cuando yo regrese, me esperaba una gran cuenta a pagar en la tienda de la esquina, su dueña apreciaba muchísimo a mis hijos y les proporciono comida de fiado para que yo pagara al regresar. La injusticia cometida con mi familia fue una gran falta de seriedad de la Dirección de las F.P.L., al violar el acuerdo de ellos conmigo, que si yo renunciaba a mi trabajo asalariado ellos responderían por el bienestar de mi familia.

Como dije al final del capitulo anterior, supuestamente, a mi regreso mi tarea seria la seguridad de la organización, con lo único que en esto, yo notaba una contradicción, pues para tan importante responsabilidad, yo primero tenia que ser miembro del Congreso de las F.P.L. Este se celebraba cada cierto tiempo y estaba integrado por el Comando Central, las Comisiones Nacionales y destacados miembros a nivel nacional. Por lo tanto, si yo no era Congresista, no podía ocupar tan importante cargo, como primer responsable de una Comisión Nacional.

Sucedió, que por las intrigas de Ciriaco, Roberto Sibrián, dio al Comando Central un informe muy negativo de mi persona y el Comando Central, saco mi nombre de la lista de candidatos a nuevos miembros para el Congreso de ese año 1980.

Mardoqueo fue nombrado como Jefe de la Comisión Nacional de Seguridad. El era un magnifico guerrillero gran combatiente, pero que de seguridad no sabia ni pepa, para él, seguridad solo era poner guarda espaldas al jefe.

Por fin, un día, el Comando Central acordó colocarme como miembro de la C.N.S. específicamente como jefe de la contra inteligencia. Yo sabia mucho de fotografía, se me entrego ese taller y el colectivo que lo operaba, este taller estaba conectado con el salón de belleza (enmascaramiento) lo que nos servía para el cambio de apariencia, cuando algún compañero ó compañera lo necesitaba;estos talleres funcionaban enforma legal o sea que estaban abiertos al publico.

En mi nuevo cargo como jefe de la contra inteligencia, programé visitas hacia todos los frentes de guerra, el objetivo era conocer su estructura y funcionamiento para proyectar una mejor línea de seguridad, lo cual incluía charlas sobre:

- La importancia de el compartimiento de las tareas revolucionarias
- Como funciona la inteligencia enemiga
- Mente y actitud de ofensiva
- Métodos de trabajo revolucionarios en general
- Relaciones con la familia y amigos, etc.

El primero de los frentes que visité fue El Frente Occidental, ubicado al norte de Santa Ana. El jefe del campamento era el compañero Andrés, me recibió muy bien, llegue al momento que ajusticiaba a un infiltre enemigo. Con Andrés nos conocíamos porque juntos, habíamos realizado tareas en San Salvador.

El jefe del Frente, era el compañero Comandante Jesús Rojas, este no quiso hablar conmigo, me negó su tiempo, a pesar que yo estuve allí por lo largo de una semana. El incidente de que el comandante no quiso hablar conmigo, fue algo que me obligaba a buscar el porqué de su actitud hacia mí. ¿Será que él considera que lo sabe todo y no necesita de mis servicios? ¿Será que existe algo directo en mi contra? ¿Qué Será?

En la lista, el próximo frente a visitar era el frente para-central. El estado mayor del frente me recibió y tuvimos algunas reuniones de trabajo. A ese momento su jefe ere el Comandante Jerson, con quien nos entendimos muy bien y coordinamos trabajo.

Una de las noches que estuve en este frente, fue que las F.P.L. destruyo el puente de oro y así impedimos la rápida movilización de la infantería enemiga.

En la visita a este frente descubrí que su anterior Comandante (MIGUEL) había creado dentro del frente algo como escuadrones de la muerte y que por la noche capturaban compañeros y los desaparecían; según me contaron, ello se daba por líos de faldas ó por simple sospecha de infiltre no probada. Un mes después de mi visita a ese frente el estado mayor, me llamó para que yo interrogara, a una mujer posiblemente infiltrada por la policía en nuestro ejercito, yo no pude comprobar su falta y pedí que se dejara en el campamento, hasta que ella sola, cayera en la trampa, hice una lista de recomendaciones incluyendo que se desalojara todas las casas de seguridad, que ella conocía, dos semanas después de mi interrogatorio esta mujer se fugó del campamento y corto tiempo después, el Estado Mayor del frente, fue totalmente capturado por el Escuadrón de la Muerte que la Policía Nacional tenia destacado en San Miguel, lugar donde los compañeros tenían un local de seguridad, que posiblemente esta mujer infiltre conocía. Los compañeros fueron cruelmente torturados y asesinados, sus cuerpos aparecieron en las afueras de la ciudad de San Miguel, uno de los cuerpos encontrados era la novia de mi amigo y compañero Hugo. El estado mayor del frente no atendió mi sugerencia de desalojar las casas de seguridad que esta posible mujer policía había conocido la consecuencia como podemos notar fue fatal.

Cuando visite el Frente Norte. En el campamento de Guazapa, me encontré con el comandante que no me quiso recibir en Santa Ana, allí sucedió lo contrario, el quiso hablarme y yo no le atendí, mis intenciones eran llegar a Chalatenango y no quedarme en Guazapa. En uno de los campamentos de Chalatenango un ex-compañero asesino 4 combatientes que hacían posta.

Aconteció que antes de crear el Ejército Revolucionario; cuando las F.P.L. desarrolló trabajo de masas en el área de Chalatenango, a un compañero de dirección se le asigno muchísimo dinero, que él, por supuesto gastó. Era un campesino "de buena fe". El no pudo rendir buenas cuentas, debido a su inexperiencia administrativa. La dirección le acuso de robo y le condeno a muerte, él pudo escapar a tiempo y buscó refugio en la Guardia Nacional. Ese cuerpo represivo, supo aprovecharlo al máximo; aparte de delatar todo el trabajo, él entrego a muchos compañeros y asesino a otros, como Ej: a los 4 postas antes mencionados, para él fue fácil incursionar la zona. Yo además de conocer la historia, sabia como ubicarle y como cortarle las alas, pero como a mi, la dirección me tenia cortadas las alas también, no podía hacer nada, además, que en mi mente pesaba mucho el hecho de que el ex-compañero era inocente de malversación, simplemente lo que había sucedido, solo fue el resultado de su inexperiencia administrativo. Esto que digo, no significa en ningún momento, que yo apruebo su conducta, la respuesta que el dio a su problema solo indica ignorancia política, incapacidad e irresponsabilidad. Con respecto a la Dirección puedo decir, que esta se equivocó en muchos casos al promover a compañeros que no se lo merecían y que su promoción posiblemente se debió a que hablaban muy bonito, pero su testimonio de vida, era otro, era diferente Ej: el Comandante Miguel.

En Chalatenango, el jefe del campamento "Comandante Toribio" no me llamaba, por mi nombre Tomas, al pasar lista, l decía "La oveja perdida", yo no me daba de entendido, porque ese no era mi nombre, pero sabia, que él, a mi se refería, La actitud de este "Comandante" me indicaba muchísimo. Luego comprobé que mis pasos en la montaña eran vigilados por la Dirección, ellos desconfiaban de mí. La desconfianza no era sobre mi firmeza de principios, sino sobre mi ubicación de línea. En la Dirección de las F.P.L. se dio el fenómeno de la línea del primer Comandante Marcial y la línea de la segunda Comandante Ana Maria. Esta disputa de líneas, en Abril de 1983 dio como resultados la muerte de uno y de otro. Estos a la vez dieron la consecuencia del ascenso de Leonel González como Nuevo líder de las F.P.L. más adelante hablaré de estas dos diferentes posiciones ó líneas políticas.

Leonel González estaba ubicado en la línea política de Ana Maria. Cuando yo regrese a San Salvador sucedió otro incidente fue el hecho que trabajando como miembro de la C.N.S. una de mis subalternas, era la esposa del Comandante "X" y el era supuestamente el puente, entre la C.N.S. y la Dirección. Pues él, me enviaba órdenes con su esposa, porque aun viviendo en la misma casa, él no quería dirigirme la palabra. Ante esta realidad yo lo reclamé, recordándole, que le acuerdo a la Disciplina militar, la cual es VERTICAL, él no debía enviarme ordenes por medio de su esposa, porque ella era mi subalterna, el debería darme las ordenes personalmente ó por medio de Mardoqueo que era el Jefe de la C.N.S. y dije hablando con un tono de disgusto "Por favor nunca más, ordenes por medio de tu esposa".

Un día, en forma burlona, Mardoqueo me dijo. TOMAS, fíjate yo manejando un carro Toyota crecida y voz manejando una simple motocicleta, eso se debe a que mucho cuestionas a los jefes. Deberías saber que a ellos, solo se les oye y obedece, sin hacer preguntas ni cuestionamiento alguno.

Por fin y para sacarme de la C.N.S. se inventaron decirme que yo había sido nombrado jefe de Artillería en el Frente Norte; me entregaron las señas y lugar de contacto para recogerme. Yo me creí, pero eso era solamente una mentira para sacarme de la C.N.S. Me dejaron botado, tres meses, estuve desconectado, hasta que un día encontré en la calle a un miembro de la Comisión Nacional de Logística, ellos me llevaron a un local y me dieron tareas e informaron a la Dirección. Por un periodo corto desempeñe tareas logísticas Ej: trasladar materiales de Guerra.

Luego la Dirección me asigno nuevamente en la C.N.S. ahora ya con otro jefe, porque Mardoqueo fue trasladado. La nueva tarea que se me encomendó, siempre fue en el área de contra-inteligencia, lo que comprendía TALLERES: carpintería, talabartería, fotografía, documentación, salón de belleza y tiendas. Desempeñando esta tarea fue que conocí a la mujer que hoy es mi esposa. (La viuda de la que habla la predicción) en 1981 mi ex-esposa con mis 4 hijos, habían emigrado a E.E.U.U. yo había quedado solo y divorciado.

En 1983 me responsabilizaron para coordinar la seguridad personal de Maríanela García Villa, ella era representante de las Naciones Unidas (ONU) asignada a El Salvador, para velar por los Derechos Humanos la seguridad personal de ella, comenzando desde su llegada al aeropuerto, programa de entrevistas y conferencias en San Salvador, su alojamiento etc. Todo se desarrollo a perfección y sin ningún contratiempo. En su programa comprendía la visita de campamentos guerrilleros para verificar el trato que nuestro ejercito, le daba a los prisioneros de Guerra, para ello se trasladó al campamento Guerrillero de Guazapa, allí estuvo una semana, en esa oportunidad, en mi programa también estaba visitar Chalatenango y nos encontramos con Marianela en Guazapa, ella no quiso continuar viaje conmigo, porque esperaba unos documentos muy importantes.

El comandante Jesús Rojas, quiso hablar conmigo, pero yo lo evadí, en venganza porque él, me ignoró a mí, cuando 2 años antes yo visite el campamento de Santa Ana. Pensé que hoy la seguridad de Marianela estaba bajo su responsabilidad y yo no debía interferir. Marianela en su caminata de Guazapa a Chalatenango fue escoltada por 20 combatientes ella ocupaba un puesto delantero en la columna. Esta valiente columna de compañeros que protegían a Marianela fue emboscada por el enemigo y ella por ocupar en puesto delantero en la marcha de la fila india, no tenia mucha oportunidad de salvarse y murió. Junto a ella también murieron la mayoría de los guerrilleros que le acompañaban.

Hoy yo me lamento, no haber hablado con Jesús Rojas para coordinar una mejor custodia para Marianela. Los guerrilleros revolucionarios no deberíamos tener debilidades humanas, el problema esta que antes de ser guerrilleros revolucionarios, somos personas con sentimientos heridos por alguien, a quien después inconscientemente rechazamos ó evitamos.

XV Ofensiva Final (10 Enero 1981)

En representación del Comando Central el "comandante" MIGUEL visitó la C.N.S. para comunicarnos que: el 10 Enero 1981, se daría inicio a la Ofensiva Final y que en 3 meses el Triunfo estaría en nuestras manos, agregó que yo seria nombrado Jefe de la Administración Nacional de Telecomunicaciones (ANTEL) los compañeros de la C.N.S. se entusiasmaron muchísimo, yo fui el único, que con risa burlona dije que me alegraba, se diera ese paso de Ofensiva, pero que yo pensaba que esa solo sería la primer ofensiva y no la final. Porque debido a la línea estratégica de la organización, diseñada en el libro blanco, el Triunfo no seria de inmediato, porque el enemigo no estaba dormido.

Agregue, que la Dirección debería de motivarnos con tácticas más realistas y no con ilusiones irresponsables pero, que de todas maneras el tiempo diría lo mejor y quien tiene la razón. La ofensiva "Final" se desarrollo a Nivel Nacional y fue magnífica, aprendimos mucho de ella, No se sintió mucho el apoyo que esperábamos del pueblo, su duración fue 1 semana y no 3 meses y No Triunfo como utópicamente se pretendía.

Entre otras tareas, asesoraba la seguridad personal de Marcial, Ana Maria y a los compañeros de Frente Democrático Revolucionario F.D.R. En cuanto a esta última tarea aclaro que 2 semanas antes que ellos fueran capturados, torturados y asesinados por el Gobierno, la Dirección me había suspendido la tarea de su seguridad, debido a que me sancionaron, porque una compañera iba a tener un hijo mío. Al compañero que le pasaron la Tarea de Seguridad del F.D.R. se le olvidó que ellos se reunirían así fue como fácilmente fueron capturados por el enemigo.

Después de la "Ofensiva Final" vino la reagrupación que fue como comenzar de nuevo. Pero con la ventaja que ahora la Dirección reconocía que el Triunfo no estaba a la vuelta de la esquina y que había todavía que Trabajar duro, si queríamos llegar a Triunfar un día.

Cuando ARENA asesino a Monseñor Romero 24 de Marzo de 1980, yo lo entendí como una fuerte provocación al Pueblo y al FMLN; para que este se levantara en armas y así poder ellos (ARENA) abortar la Revolución, pues para ese momento la Vanguardia de Pueblo (FMLN) no estaba preparada para iniciar batalla. Para el 24 de Marzo de 1980, el enemigo nos quería exterminar, pero la Dirección fue inteligente y no acepto la provocación; pero si, que motivo, para preparar la ofensiva "final" del 10 Enero de 1981. Esta ofensiva realmente no fue lo que esperaba la Dirección, pero sirvió para que esta reaccionara positivamente y ya con los pies en la tierra, analizara la situación y creara nuevas tácticas de guerra las cuales fueron un verdadero éxito para el engrandecimiento del Ejercito Popular.

XVI Utopía Política de la Dirección de las F.P.L.

En 1970 las F.P.L nacieron con el 100% de sello obrero, sus acciones político-militares le proporcionaron alto porcentaje de admiración y respeto, por la mayoría del Pueblo Salvadoreño. Con el devenir de los años, los obreros que la crearon fueron cayendo en el camino operativo y sus puestos de Dirección eran ocupados por nuevos elementos revolucionarios; pero con sello de Capas Medias, los cuales a la hora de las horas, no fueron capaces de continuar con la pujanza del ritmo inicial, la calidad operativa decayó notablemente, la organización creció en cantidad de apoyo popular pero bajo en calidad operativa.

El trabajo de masas aumento el grado de organización del pueblo, pero sus líderes fueron des-protegidos por la Vanguardia y eran fácil presa del Gobierno. Entre los años 1978, 79, 80. Se notó una tremenda crisis operativa. Esto fue resultado de la mediatización de la Dirección por la llegada de elementos procedentes de Capas medias, estoy seguro, que en el libro blanco aparecía, que las F.P.L. siendo una organización guerrillera al llegar el momento de crear el Ejercito Popular de Liberación esta organización tenia que cambiar su estructura de Guerrilla, por una estructura de Partido Político, Revolucionarios (NO ELECTORERO) que le permitiera una mejor dirección de su Ejercito Popular Revolucionario.

El ejercito rebelde nació se creo y los Comandantes se consideraron como autoridad única en el campo no solo militar sino también, como Dirección Política—allí estuvo la más grande Utopía Política. Las Comisiones Nacionales salían sobrando para los comandantes, porque ellos eran la Dirección absoluta, ellos eran todo.

La ausencia de la Dirección Política en el desarrollo de las Acciones Militares fue como un vehículo caminando sin timón. Observamos que El Presidente de un país (hombre ó mujer civil) a su vez, es El Comandante en Jefe del

Ejército. El Campo militar debe estar supeditado a los intereses políticos. Pero en el FMLN era en línea contraria. Los Comandantes Guerrilleros fueron la dirección militar y la dirección política al mismo tiempo se convirtieron en "soberbios" jefes deseando dialogar con el enemigo para rendirse y gobernar juntos, Que Revolucionarios! Que Machos!

Luego dijeron, había que perdonar a los asesinos del pueblo, incluso había que olvidar a los que murieron. Solo fueron 70,000 muertos y 30,000 desaparecidos. Asesinos por favor óigannos, ya no peliemos, GOBERNEMOS JUNTOS? Que descaro.

XVII División Interna de las F.P.L.

Siendo yo miembro de C.N.S. en Diciembre de 1982, por una casualidad me encontré en la calle con el Comandante Leonel González y muy rápido le exprese mi anhelo de poder llegar un día a ser miembro del congreso de nuestra organización, el me contestó lo que yo, ya sabia, que para ser miembro del congreso no es determinación de una persona en particular, sino la propuesta de un organismo que le solicite como candidato al congreso y que el congreso mismo es quien le aprueba ó rechaza. Pero que él, iba a proponerme en el organismo a que pertenecía para que me inscribieran en la lista de nuevos candidatos para el próximo congreso.

En 1983, se realizaría el Congreso, en las montañas de Chalatenango; a mi se me comunicó que había sido propuesto como candidato a nuevo miembro de ése alto organismo de Dirección y que tenia que partir de inmediato (2 meses antes de que se realizara) para ayudar en todos los preparativos logísticos que dicho evento exigía.

Participé en la decisión de escoger el lugar donde se realizaría el congreso; juntos con el jefe del campamento y otros compañeros hicimos un extenso reconocimiento del Terreno, participé en la compra de víveres y mi campamento fue ubicado a 100 metros del lugar exacto, donde el congreso, se realizaría.

Poco a poco los comandantes de cada frente, iban llegando y los hombres de su seguridad personal eran ubicados en mi campamento, llegaron compañeros de las distintas Comisiones Nacionales, menos de la C.N.S. que de sus componentes, nadie era miembro del congreso, llegaron compañeros del Trabajo internacional. El congreso estaba todo organizado y listo.

Mientras tanto, yo como miembro de la C.N.S. Programé visitas: al campamento de la Radio, a la Escuela de Entrenamiento para las Milicias, al campamento de explosivos, al campamento de trabajo de masas; lo extraño era que, a cualquier parte que yo iba, siempre en el camino, me alcanzaba un compañero que decía, que a él, el comandante "X" le mandaba a una misión. Este compañero siempre trataba de escuchar mi conversación con los propios del campamento visitado, esto me hizo entrar en sospecha de que a este combatiente, le enviaban para que me espiara. Por otro lado todos los días a las 5pm un combatiente llamado Juárez, que era miembro de la Seguridad del comandante "X" me solicitaba permiso para ir al local del Congreso a platicar con su comandante, esto era todos los días, hasta que yo tuve la idea de ponerle cola envíe a un combatiente de mi confianza para que tratara de escuchar de que platicaba Juárez con su jefe el comandante "X".

A su regreso, mi confidente me confirmo que Juárez rendía a su jefe detalles de todos mis actividades en las últimas 24 horas. Al conocer de esto yo comencé a dormir con una sub-ametralladora MP 5. Que fue arrebatada a un Policía Nacional que habíamos aniquilado en el volcán de San Salvador. El Comando Central de las F.P.L. me tenia bajo control total, las 24 horas del día; pero, ¿ Por que ?

A este momento Marcial (1º Jefe de las F.P.L.) y Ana Maria (segundo Jefe) ya habían muerto. Marcial era de la Posición Política Original al nacimiento de las F.P.L. Ana Maria, era de la Posición Política de *Modificar* la línea original de las F.P.L. El punto principal era sobre como conducir el Dialogo Negociación con el Gobierno de la nación.

La muerte del primer jefe y segundo jefe de la organización dio como resultado el ascenso de Leonel González a ocupar la Jefatura de las F.P.L. y él como el resto del Comando Central, estaban ubicados al lado de Ana María y su bochornosa Política de Dialogo Negociación entreguista,

Yo, simpatizaba con la línea Política del Comandante en Jefe Marcial, que si bien, estaba de acuerdo al Dialogo Negociación, era sin deponer las armas. Política sintetizada en la consigna Revolución ó Muerte, el pueblo Armado Vencerá.

A este momento, yo no creo haber dado señales de coincidir en principios políticos con los ideales del compañero Marcial, pero si hoy era candidato a miembro del congreso, a lo mejor, el comando Central quería estar seguro de cual era mi simpatía política.

Como era de esperar, cuando en el Congreso, se me mencionó como candidato a miembro de ese organismo de Dirección, el Comandante "X" se opuso rotundamente y alegando cualquier cosa en mi contra, solicito a la asamblea que dieran un Voto Negativo a mi entrada. Su actitud solo me demostraba que él quería compañeros manejables, justo para que solo levantaran la mano de aprobación a favor de sus propuestas de entreguismo.

Con la Consigna "Revolución ó Muerte, el Pueblo Armado Vencerá" fue que toda la membresía y simpatizantes habíamos entrado a las F.P.L. Pero ahora el Comando Central ya cansado de luchar ofrecía "Dialogo Negociación" y más tarde crearon otra consigna, todavía más indignante "Perdón y Olvido"

El congreso terminó y no querían dejar salir a 8 compañeros que, por sus intervenciones, se habían descubierto como verdaderos originales guerrilleros, por su propia boca se habían identificado a la línea del Comandante Marcial, al decir si al dialogo pero sin deponer las armas.

El Comando Central no quería dejar salir a los 8 compañeros, pero hubo en alto comandante que al solicitar la palabra dijo: Si no se deja salir a los 8 compañeros él, consideraría su retiro, junto con sus 500 hombres y amenazo que podría abandonar las filas del Ejercito Revolucionario de las F.P.L.

Ante esta tremenda presión, el Comando Central, se vio obligado a permitir la salida de los 8 compañeros congresistas y su seguridad personal, que en total eran 15 hombres y mujeres, bien armados. Uno de estos congresistas era el Jefe del Frente Metropolitano, otro era el segundo jefe del mismo frente, otro era la jefe de la Radio, cinco de ellos eran miembros de las diferentes Comisiones Nacionales (Finanzas, logística, Masas, Propaganda)

A mi no se me permitió salir, porque en una ocasión, cometí la torpeza de interrumpir una reunión del Comando Central y apartando a Leonel a un lugar separado, le dije unas cuantas verdades sobre lo que yo pensaba, de lo incorrecto que seria cambiar la línea estratégica y táctica inicial. Por esta razón no querían dejarme salir de la montaña y mientras decidían que hacer conmigo, me enviaron al Frente Occidental.

Es triste saber que su vida esta amenazada, por sus propios compañeros, solo por el hecho de opinar diferente estrategia y táctica para llegar al final del mismo objetivo, en este caso, la toma del Poder Político Militar de la Nación ó sea el Triunfo de la Revolución.

Muy temprano al siguiente día, junto con el Jefe del Frente Occidental, salimos de las montañas de Chalatenango atravesando montes, desde donde se podía divisar el Cuartel El Paraíso, una de las tantas cuevas donde se guarecían los verdaderos criminales, enemigos de la clase obrera.

Atravesamos la Carretera Troncal del Norte, atravesamos cañaverales y después de 12 ó 13 horas de camino la oscuridad de la noche estaba por llegar, pero también nosotros habíamos llegado. En el campamento Occidental estaba Dianita. La Comandante Dianita me dio la bienvenida a pocos metros de ella, estaba un joven combatiente, que al verme corrió hacia mí para darme un abrazo y decirme al oído bienvenido pronunciando mi nombre propio. Luego y siempre hablando suave me dijo. Que gran sorpresa para mi que tu seas el famoso TOMAS. Al oír mi propia nombre, yo me asuste y le pregunté porque y como sabes mi propio nombre. Tranquilamente me respondió que no me asustara y me explicó que cuando yo fui profesor, el había sido mi alumno en tercer grado, luego me agregó que se llamaba Mauricio y que era segundo jefe del Frente, que por ello, sabia que a mi me habían enviado allí, mientras el Comando Central, decidía que hacer conmigo. Me agregó también, que él no iba a permitir que a mi me pasara nada malo, porque si mi ubicación era la línea de Marcial, que también pasa él era la línea correcta.

Al día siguiente de haber llegado, Mauricio me invitó a hacer un recorrido por todo el terreno controlado por el frente. Yo había estado en este frente, en dos ocasiones anteriores, pero había entrado por Cutumay Camones.

Al segundo día el jefe del Frente me invitó a ir a cortar mangos, yo no quería ir, porque tenia miedo que fuera una Trampa para matarme, pero Mauricio (segundo jefe) me dio valor para aceptar la invitación del primer jefe de quien se me olvido su nombre, por su forma de hablar y por la habilidad de como subir árboles, se podía adivinar que era de origen campesino.

Dianita, la Comandante a cargo del Frente, era una ex-estudiante de la Universidad, ella trato de no cruzar palabra conmigo, quizá para no sentirse comprometida en nada, sobre mi difícil situación. A lo mejor cuando el Comando Central determinó que me sacaran del Frente. Ella encomendó a Mauricio para que me condujeran por la ruta de salida, hacia Opico.

Muchísimo tiempo después que yo pregunte por ella, alguien me afirmo que el Comando Central, le había condenado a muerte por fusilamiento. Esto no es un dato confirmado, lo único raro es que ella tenía un alto prestigio dentro de las F.P.L. y nunca más se volvió a oír, ni ver en público.

Una ó dos semanas de haberse terminado el Congreso de las F.P.L. (1983) algunos de los 8 compañeros alineados a las ideas iniciales de la organización creada por Marcial. Nos reunimos para analizar dicho congreso y optamos por redactar un documento en el que se desconocía la Dirección Oficial de las F.P.L. Parte del documento decía: Que el frente Metropolitano; Clara Elizabet

Ramírez por este medio declara que desconocía la Dirección Oficial de las F.P.L. ello, por no estar de acuerdo con su nueva política de Dialogo Negociación con el gobierno y que nos declarábamos como un Frente Independiente del FMLN.

Nuestros Comandos, se tomaron por asalto, algunas Radio—difusoras y el comunicado fue leído para conocimiento del pueblo en general (amigos y enemigos).

Un día después, los dos principales mentirosos periódicos del país, publicaron una verdad, que decía: Las F.P.L. y el FMLN condenan a muerte a los integrantes del Frente en Rebeldía, llamado Clara Elizabeth. Luego aparecía el nombre de cada uno de nosotros.

Al momento el campamento del frente metropolitano ubicado en el volcán de San Salvador, había quedado bajo nuestro control y las F.P.L. montó otro campamento a solo 100 metros de nuestro campamento, con la orden de emboscarnos y aniquilarnos. Cuando nosotros los rebeldes nos aproximábamos a nuestro campamento los jefes del nuevo campamento nos emboscaron, pero no tuvieron valor de matarnos, ello por dos razones: ya estábamos a pocos metros de nuestro campamento. Luego que: los jefes nombrados por las F.P.L. habían sido nuestros subalternos en diferentes tareas realizadas anteriormente y nos guardaban estima, admiración y respeto.

Entre los disidentes y sin saberlo, había un traidor, conectado directamente a la Policía Nacional. Este hombre, ya anteriormente había entregado al enemigo valioso secretos de guerra, lo peor es que había entregado compañeros de los cuales muchos murieron y otros, a quien trataron de comprar, así como habían comprado a este espía: Los comprados que aceptaron trato con el enemigo, fue solo para salvar su vida, al recobrar su libertad, nos contaron todo y abandonaron obligadamente el país.

Este "compañero" de la Dirección en rebeldía tenia la encomienda, por la P.N. de entregarnos a nosotros y comenzó por quien había sido Jefe de la C.N.S. La P.N. trato de comprar a este compañero, este aceptó, pero al recobrar su libertad, este, nos contó lo sucedido y él por su propia cuenta, tomo la medida de esconderse para resguardarse.

Ante, esta situación el resto de la Dirección, incluyendo el espía, optamos por auto-exiliarnos en México. Esto fue un grave error, porque dejamos abandonado nuestro campamento y sus combatientes. El espía fue descubierto por mi persona, hasta que ya nos había destruido. Me costo muchísimo creer que este nos hubiera traicionado, hablaba bonito a cualquiera impresionaba con sus razonamientos políticos.

Estando en México, yo me atreví a hacer la autocrítica de que fue un gran error, haber dejado solos a los compañeros del campamento. El resto de la dirección me tildo de derrotista y sutilmente me desconectaron de la dirección. En la practica quede botado y sin dinero, logré sobrevivir con la ayuda del movimiento Zapatista, que me dieron vivienda y luego me dieron dinero para pagar mi pasaje y regresar al país. Regresé al país condenado a muerte por el FMLN y por otro lado buscado por los gendarmes del Gobierno, además sin dinero.

Quise reingresar al magisterio pero resulto que no podía, porque cuando yo renuncie, el pagador, en alianza con el Supervisor Escolar y una cabeza alta del ministerio de Educación. No tramitaron mi renuncia y continuaron cobrando salario a mi nombre, para lo cual falsificaban mi firma, eso fue aproximadamente por 3 años hasta que fueron descubiertos, porque abusaron falsificando 70 firmas de profesores que igual a mi, habían renunciado. La Corte de Cuentas de la República, me dijo que si no aparecía el acuerdo de mi renuncia en el Diario Oficial, yo no podía ser incorporado al magisterio, si no pagaba el equivalente al dinero estafado por aquellos ladrones, no había reincorporación.

XVIII Primera Captura

Como narre en el capitulo anterior, al regresar de México me convertí en vendedor de puesto fijo en una calle de San Salvador. Cuando el traidor también regreso de México y me vio en mi puesto de ventas, no pasaron ni dos semanas para que la Guardia Nacional me capturara. Me tuvieron incomunicado por dos semanas, hasta que la cruz roja Internacional me encontró en sus celdas. Resistí las torturas gracias a que el torturador "Bueno" no me torturaba, el solo golpeaba la pared y me decía que yo gritara, era un Joven Guardia que lo estaban entrenando como torturador. El otro torturador era un viejo Guardia y además músico de la marimba de ese cuerpo represivo y originario de Ahuachapan, logre ubicarlo porque un familiar suyo le llamo por teléfono y el contesto en frente de mi, este era el torturador "Malo". El método del bueno y el malo es un viejo truco utilizado por los cuerpos represivos pero en este caso, este método conmigo no les dio resultado porque antes de ser capturado yo ya había leído algo sobre ello.

Cuando yo le pregunte al torturador bueno porque hacia eso de no aprovechar de pegarme estando yo con las manos esposadas, este inteligentemente me respondió que eso lo hacia porque el sabia que la guerrilla es fuerte y que no amaga, agrego que sabia que yo un día podía salir libre y que si hoy el no me golpeaba después yo y mi gente al encontrarle a el en la calle no le haríamos nada; por lo contrario si yo te golpeo después tu te vengarías.

Otro día este joven GN y otros dos mas me sacaron a patrullar la ciudad, para que yo señalara en la calle a todo aquel que conociera como guerrillero o colaborador de la guerrilla, de antemano les dije que yo no podía señalar a nadie porque para ello yo primero tenia que ser guerrillero y conocerles pero que si yo no era guerrillero no podía conocer a nadie de ellos; ante esta respuesta solo me llevaron a comer pollo campero, para perder tiempo y ellos justificarse con sus jefes; en el recorrido desde el cuartel central de la GN este joven G . . . aprovecho para ir a la casa de su mama a dejarle un dinero, a mi solo me amenazaron que si miraba donde entraban me iban a matar , aun con la amenaza, pude ver que entraron a un mesón de mala muerte, allí vivía la madre de este joven GN.

Luego de comer pollo campero me regresaron al cuartel, me considere orgulloso de mi mismo por no haber delatado nada del trabaja revolucionario ni a ninguno de mis compañeros; Desde un principio no acepte ningún cargo de los que el enemigo me acusaba. Así ellos me remitieron al Penal de la Esperanza en el cantón Mariona de la Ciudad de Mejicanos .bajo el señalamiento de ser guerrillero, Pero sin contar con prueba alguna.

Dos miembros más del frente fueron capturados por la Policía de Hacienda (P.H.), Los compañeros fueron cruelmente torturados, ese cuerpo represivo era calificado como los peores asesinos del pueblo. Inmaduramente los dos compañeros se inclinaron por el camino mas fácil de pensar que yo les había señalado ante el enemigo; cuando ellos arribaron al penal de Mariona me rechazaron y no querían hablarme pues me consideraban un traidor ,eso a mi me tenia sin cuidado ,porque mi conciencia estaba limpia de pecado .Yo supongo que la principal misión del traidor era la de entrega al enemigo a estos dos compañeros porque uno era el jefe y el otro era el segundo jefe del frente y que para cubrir su espalda primero me entrego a mi ,para que en mi, cayeran las sospechas de traición.

La mama de mi hijo Rafael también fue capturada junto con su mejor amiga Nely, Rafael solo tenia un ano de edad cuando su mama le mantubo con ella en la cárcel; Nely también pensó que Yo les había entregado al enemigo pero eso no fue así, razonar de que Yo les había entregado seria lo mas fácil pero mis principios políticos ideológicos han sido y siempre serán firmes. A lo mejor la captura de ellas se debió al dedo y lengua del traidor antes mencionado. El enemigo para cubrir a su informante utilizo diferentes cuerpos represivos para confundirnos.

Estando en la cárcel de Mariona y para pagar el abogado que me defendía, me vi obligado a vender las maquinas de los talleres que Yo administraba en la Organización así dos meses mas tarde salí libre sin cargos por falta de pruebas.

El secretario de el Juez me advirtió que lo mejor seria que Yo saliera del País porque, si volvían a capturarme, corría el peligro de ser desaparecido; espero me entienda el lector de no revelar el nombre de este delator por respeto y cariño a su esposa e hijos

XIX Recaptura

Ante la desesperación de no encontrar trabajo y ante la respuesta de la Corte de Cuentas, que mientras no pagara el desfalco al Gobierno, cometido por el pagador, usando mi nombre, yo no podía reincorporarme al magisterio. Con la intención de luchar para mi reingreso al magisterio, una tarde visite la casa del maestro para solicitar su ayuda ó una orientación de que hacer. Al salir de la casa del maestro, me encontré entre una balacera y al correr para protegerme fui capturado, a lo mejor me confundieron con los mal hechores, la verdad es que hubo dos policías muertos y yo no andaba armado.

No se si esto que sucedió, fue por el peso de la predicción, que aseguraba yo iría preso en dos ocasiones y que estaría en medio de los criminales más criminales del país.

Al llegar al cuartel de la P.N. ellos investigaron mi nombre, me aislaron, colocándome en un cubículo contiguo a una oficina, yo pude escuchar que esa misma noche me matarían.

El abogado de la P.N. esa misma tarde visitó a mi esposa para pedirle $1000.00 a cambio de mi vida, tenían la intención de desaparecerme, pero que con ese dinero, el podía inventar una historia y que él pediría, me pasaran con cargos, para la cárcel de Mariona.

Mi esposa, solamente le dio $500.00 la verdad es que dos días después, me trasladaron al Penal de Mariona, bajo cargos de chantaje ó extorsión a un ex-policía.

En el penal me asignaron a la celda #17 de Presos Comunes.

Al entrar al Penal y estar atravesando el patio central y como es la costumbre, los otros presos me rodearon para ver lo que llevaba puesto y posteriormente robármelo, pero hubo un preso que grito y dijo: A este déjenlo tranquilo, porque ha estado aquí entre los Presos Políticos. Esta situación demostraba que los presos comunes, sentían respeto y aprecio, hacia los Presos Políticos.

La celda No.17 al igual que todas, tenia 10 camas y 25 presos, el derecho a cama se gana por antigüedad, después se un mes, gane cama y a corto tiempo, gané el puesto de jefe de celda. Resulto que el jefe salió libre y al quedar la plaza vacante, por votación, salí elegido. Las tareas de jefe de celda, eran:

Organizar el reparto de comida.
Organizar la traída de agua para beber.
Organizar el aseo interno.
Mantener la disciplina interna.

En mi celda había un miembro del llamado trío de criminales más criminales dentro de la población reclusa. Este trío de criminales siempre guardaron distancia y respeto hacia mí. Dentro del penal, por lo general cada semana aparecía un muerto en algún recodo del recinto. Se mataban unos y otros para robarle algo "valioso" que el otro poseía.

En mi celda me encontré a José y su compinche Pablo. Un día de tantos en la calle, ellos me habían asaltado a mano armada y me robaron mi reloj valorado en 5,000 colones más 300 colones en efectivo.

José era un asesino dentro del penal mismo, en una ocasión y ya siendo yo jefe de celda, evite que le hundiera el puñal, a un preso recién llegado. Resulta que José quería los zapatos del nuevo huésped y este, no se los quería quitar para entregárselos, José tomo al puñal y al momento que alzo la mano, yo le tomé su brazo y le grite que el jefe era yo y que no podía permitir un muerto en mi celda. Al momento ordené al recién llegado, que se quitara los zapatos y que (voluntariamente) se los regalara a José. Luego recalque a todos, que en esa celda, yo era el jefe y que como tal, exigía disciplina y orden y respeto mutuo, agregue, que no importando porque estábamos allí, pero que en ese momento éramos como hermanos en el dolor, yo sentía, que la Dirección del Penal me tenia en su mira, para ello utilizaban a un criminal, miembro de la Directiva del Centro Penal. Este me espiaba hasta que un día intento acercarse a mi tratando de ser mi amigo, yo acepte su amistad pero él a corto tiempo después trato de provocarme, como para que yo le diera la oportunidad de matarme, dos vigilantes del penal, con quienes yo había hecho amistad, me hicieron señales para que entendiera que eso era una provocación y me retirará inmediatamente del lugar. Ese criminal después de esto trato de acercarse más a mi trató de ser muy servicial conmigo. Incluso debido a su contacto con la Dirección antes que yo, él sabía el día que recobraría mi Libertad.

Utilizando los servicios de un abogado y al no haber pruebas en mi contra, después de 10 meses, obtuve la Libertad.

XX Sanciones

Mi vida dentro de la guerrilla, siempre estuvo rodeada de muchas sanciones:

La 1º sanción que recibí en 1975 fue porque: Cuestioné en el desarrollo del Congreso, de ANDES 21 de JUNIO de ese año, el método de como se eligió el nuevo Consejo Ejecutivo de los maestros. La cuestionada por mi persona, fue Ana Maria, yo no sabía que ella era la 2º Comandante de las F.P.L.

La sanción consistió, en que yo no podía estar presente, cuando en la Célula de militancia, se hablara sobre un tema importante en la vida de la organización guerrillera.

Este congreso de maestros era bien importante. Se realizaba ante la presencia de 500 invitados, de este congreso nació el glorioso Bloque Popular Revolucionario (B.P.R.), Después de estar sancionado por más de un año, Ana Maria, me llamo, para decirme que la sanción, quedaba sin afecto y que a partir de ese momento, yo pasaría a formar parte del Naciente Ejercito Rebelde.

El año 1979, La Dirección de las F.P.L. me envío al exterior, para participar en un programa de estudio Político-Militar, el programa duraría aproximadamente 1 año. Como dije antes, en ese país, conocí una amiga a quien un día, invite al cine, un "compañero" me vio con ella, y lo comunicó a Roberto Sibrian. Este en forma inmadura no me dirigió la palabra e informo al comando central, que yo supuestamente había conseguido novia lo cual me restaba tiempo que debería utilizar en mis estudios. Por lo que fui sancionado pero sin hacérmelo saber. Me dejaron botado por 3 meses en ese país, pero lo peor fue que dejaron sin ayuda económica a mi esposa y mis cuatro hijos. Con esto la Dirección violó su compromiso conmigo, porque, si yo renuncié a mi trabajo asalariado, fue porque ellos Iván a cubrir los gastos de manutención de mis hijos. El P.C.S. Les tendió su mano y gracias a ello sobrevivieron.

Cuando mi ex-esposa, con mis 4 hijos emigró a E.E.U.U. Yo quedé solo. Después de un año una compañera quedo embarazada y tendría un hijo mío. Por esta razón la Dirección nuevamente me sancionó y me quitaron de la C.N.S. para no dejarme botado; me pasaron a vivir a una casa de seguridad pero sin ninguna tarea de responsabilidad.

El Compadrazgo en el campo de la politica es un mal que consiste en que si tu ingnoras mis errores yo podria ingnorar los tuyos ; si tu ayudas a esconder o pasar desapercibidos mis debilidades o metidas de pata,yo podria hacer lo mismo contigo.Por lo contrario si tu eres duro en las criticas hacia mi,yo tambien sere duro contigo.

En las FPL inicial (1970-1975) se acostumbraba realizar en el seno de las celulas la critica constructiva hacia cualquier companero que mostrara una conducta no acorde a las normas establecidas en el libro blanco. Esto ayudaba muchisimo a mantener una bonita relacion en cada colectivo o celula ,dicho en otras palabras una buena disciplina rebolucionaria ,lo contrario seria dar la oportunidad al inicio de la corrupción.

A partir de 1975 cuando el peso politico de direccion del compañero Marcial comenzo a declinar y la linea revisionista de Ana Maria y su sequito de oportunistas comienzo a ocupar la mayoria de los puestos claves de direccion nacional,el compadrazgo llego con ellos y rapidamente como un virus se extendio a todos los niveles.
El compadrazgo se convirtió como un antidoto para evitarse una critica o una sancion del colectivo de militancia ,dando asi luz verde a malas conductas,indisciplinas ,irresponsabilidades hasta llegar al chambre para perjudicar directamente a quien por razones personales estorbara en el camino,un area bastante facil fue las relaciones afectivas entre mujer y hombre.

Las FPL siempre mantuvo a todo nivel y muy en alto el respeto a las companeras de trabajo,de manera que podiamos dormir en la misma habitación y esta o estas companeras podian dormir muy seguras y tranquilas porque ningun companero iva a acosarlas sexualmente y mucho menos violarlas ; se daba una bonita relacion de trabajo revolucionario,una verdadera relacion de hermanos. Sin embargo el hecho de convivir juntos daba tambien la oportunidad para que en una pareja ,apareciera la atracción (hombre—mujer) y chispa del amor naciera .Si esto sucedia habia que de inmediato comunicarlo al jefe respectivo para conocimiento de todos.

Se dio el caso que muchos comandantes tenian familia establecida y que tambien tenian amante,esta amante era una companera que por su propia voluntad queria serlo ,todo el campamento lo sabia y nadie comentava nada porque era el alto jefe es obio que era un mal ejemplo .El problema estava en que si la direccion descubria a otro companero haciendo lo mismo ,a este si que lo sancionaban.En lo personal yo considero que mesclar las cosas afectivas con el que hacer revolucionario fue un eror politico principalmente cuando esto era interpretado a criterio y conveniencia de un jefe militar y no de un organismo de partido,la incorrecta aplicación de las normas provoco muchas injusticias y descontentos afectando asi el mejor desarrollo de las tareas revolucionarias. Conoci el caso de un companero que fue fusilado porque violo a una companera ;no se si este combatiente sabia de Antemano la norma de la rebolucion de que si un revolucionario viola a una companera es condenado a muerte , si el no sabia esa norma la culpa era problema de direccion le tenian que sancionar pero no fusilar pues el no sabia lo que le podia pasar.

El ejercito revelde no tiene dormitorio dividido para hombres y mujeres por esta razon la confianza y respeto hacia ellas siempre es una norma muy importante y necesaria para un mejor desarrollo de las tareas.

A pesar de mi gran respeto a la mujer revolucionaria y a todas las mujeres,a mi me sancionaron injustamente por lios de falda,hoy supongo que eso podria haber sido solo un pretexto para aislarme por haber estado hubicado en la verdadera linea de la revolucion en la linea creada por el companero MARCIAL

XXI En Alas de Cucaracha

Ser miembro de una organización Guerrillera, es estar colocado, el margen de la ley, es estar en contra de la clase dominante; ellos tiene el poder Político-Militar, social y económico del país y todo lo que sea en contra de su bienestar, es calificado de subversivo ó ilegal.

Un militante Revolucionario, en cada uno de sus pasos esta arriesgando su vida y la vida de toda su familia. Esta verdad nos obliga a usar correctos métodos de trabajo y ser muy precavido; sin embargo en el desarrollo mismo de las tareas, muchos de nosotros, nos confiamos demasiado, hasta que nos va mal y caemos en manos del enemigo. Vean lo que a mi, me paso por confiando y como fue, que salí, de cada uno de los apuros, en los que vi rodeado.

1976 Era época de intenso trabajo de masas, un día por la tarde, manejando mi motocicleta de San Salvador a (mi Ciudad Natal) yo llevaba propaganda de las F.P.L. amarrada en la parrilla de la moto; de pronto al salir de una curva de la carretera, me encontré con un reten de Policía, que paraban y registraban todo los vehículos; ante más ó menos 50 policías distribuidos a lo largo de la carretera. 1976 era un momento en el que guerrillero capturado, era guerrillero muerto. Muy consciente de la situación en la que me encontraba y ante las señales del policía, de que me detuviera a un lado de la carretera y que apagara el motor cumpliendo con lo ordenado por ese policía y me quede quieto, solo mirando como registraban a motoristas y carros detenidos. El policía que me detuvo, continuo con su tarea de detener otros vehículos, al instante yo aproveché para encender nuevamente el motor de mi moto y al comenzar lentamente a moverme en retirada, otro policía, corrió hacia mi y me gritó "No te muevas" porque "no te hemos chequeado" yo le respondí gritando más fuerte que él y le dije: Pero cuantas veces me van a registrar? Si ya lo hicieron una vez! entonces el P.N. respondió: Disculpe Sr. puede continuar su camino. Hoy yo me pregunto Quien me sacó de este mal momento y me salvo la vida? Uds. conocen la respuesta; mi salvador solo pudo haber sido DIOS. Porque los guerrilleros también somos sus hijos y que por ser sus hijos él nos ama. Dios sabe que cuando un guerrillero revolucionario, usa la violencia, lo hace para defender los intereses de su pueblo, en la lucha para una mejor justicia social.

Un día de 1977, Apolinario Serrano (Polin), Secretario General de la Federación Cristiana de Campesinos Salvadoreños (FECCAS), muy temprano por la mañana me encontró, tomando café en un céntrico restaurante en San Salvador, yo le note bastante abatido y al preguntarle sobre que le pasaba, me contó que su organización campesina, tenia su local (oficina) en una casa ubicada en el pueblo de Aguilares y que tenían el temor de que el Ejercito del Gobierno allanara el local y se robaran el archivo, razón por lo cual era urgente, sacar dicho archivo y que me pedía, que yo recibiera bajo mi custodia dichos documentos. Ante esta solicitud, yo le pregunté por el volumen de los documentos, él me contesto que solo eran 10 cajitas de zapatos, al final yo acepte que él, las llevara a mi casa de habitación.

Como decía antes, esta conversación fue muy temprano de la mañana. Por la tarde, cuando yo regresé a casa, la sorpresa fue que Polín ya había llegado con su archivo, mi esposa, me dijo que llegaron dos grandes camiones cargados con dichas "cajitas" las cuales resultaron 20 "cajotas" en la que pudieran caber 100 pares de zapatos c/u. Eso no era un archivito, era un archivote; Que barbaridad!

Dicho archivo comprendía:

— Listas de todos sus miembros a Nivel Nacional, clasificados por Departamentos, ciudades, Pueblos, cantones y caseríos.
— Diferentes Juntas Directivas a lo largo y ancho del país.
— Movimiento financiero. etc.

Después de cena, mi esposa dispuso discutir conmigo, acusándome de ser demasiado frío con su familia y me enrostró: que si yo tenía tanta ropa, era porque su familia constantemente, me regalaba dicha ropa; y que yo no me portaba bien con ellos. Su acusación no era cierta, yo me sentí herido e inmediatamente vacíe, los roperos y puse toda mi ropa planchada, aun con ganchos la trabe en los alambres que se ocupaban para secar la ropa lavada, llene varios alambres y saque también corbatas y zapatos; solamente me quede con la ropa sucia que había usado ese día.

Por la mañana siguiente "SORPRESA". Cuando nos levantamos y salimos al patio, mi ropa había desaparecido. Pero! que había sucedido?

Resulto que los camiones que habían llevado el "ARCHIVITO" de Polín; habían sido seguidos por la Policía Nacional y esa noche, ellos habían saltado tapiales, para llegar al patio de mi casa e investigar el contenido de las "cajitas" de FECCAS.

Cuando en mi casa la Policía se encontró con tanta ropa, se imaginaron que el contenido de las cajas, solamente era esa ropa gracias a esa equivocada suposición, mi familia y yo estamos con vida. La P.N. se retiró, sin interrumpir nuestro sueño; nuestro guardián fue más poderoso que ellos. Dios nos protegía.

Dos semanas después, me encontré en un bar de mi ciudad a un Policía de los llamados "De la Especial", el había sido mi compañero de estudio desde 1º grado hasta 9º grado y en esa ocasión de habernos encontrado en el bar y bajo los efectos de alcohol, él me afirmo que había participado en el cateo de mi casa y me pregunto el porque de tanta ropa. Mi respuesta fue que yo compraba y vendía ropa usada.

La misma tarde que las cajas llegaron a mi casa y darme cuenta del engaño de Polín. Comencé a revisarlas y previendo el peligro al que exponía a mi familia y a mi mismo. Fui desocupando caja por caja y su contenido lo tiraba al fondo de un poso seco (sin agua) el cual estábamos rellenando con tierra y basura, este poso estaba en el centro del patio de la casa y simulaba como si estuviese una plena función. La Policía nunca se imaginó que allí estaba el verdadero contenido de las cajas solas que ellos vieron en el corredor de la casa.

FECCAS, nunca me pidió regresar dicho archivo, eso allí quedó y se pudrió.

D`Abuison era uno de los criminales más criminales de la Tiranía militar y el coordinador de su seguridad personal era un académico con mente de Policía, era de una familia adinerada en la Zona Oriental del país. Mi organización las F.P.L. me encomendó la tarea de ir a San Miguel y ubicar muy bien a este Policía. En mi investigación descubrí; que hacia exactamente una semana, este hombre había trasladado su clínica, para la ciudad de Santa Tecla. Así pase el informe, al Comando Central y que si ellos querían, Yo podía continuar hasta finalizar la tarea, pero ellos me dijeron que yo hasta allí llegara, porque había otras tareas más importantes para mí. En el desarrollo de esta tarea, sobre las calles de San Miguel encontré el vehículo de caminos, utilizado por el escuadrón de la muerte, integrado por Policías Nacionales para cubrir la Zona Oriental. Yo conocía a uno de ellos, porque este era mi vecino, en la ciudad de Quezaltepeque; él sospechaba mi ubicación Política e incluso había intentado reclutarme, para que yo traicionara mis ideales. Estoy seguro que si este criminal me hubiese visto, de inmediato hubiera parado el carro para hacerme subir y no sé que hubiese pasado; yo tenía mi propia leyenda para estar en San Miguel. Ellos, ese escuadrón habían asesinado a dos colectivos nuestros que era la Dirección Política de las F.P.L. en la zona. Para ello, ellos utilizaron un infiltre (mujer) que yo no pude descubrir a tiempo. A este infiltre ya le habíamos calificado de sospechosa, pero se nos fugo del campamento del frente y los compañeros no fueron ágiles en tomar las medidas de seguridad recomendadas, el enemigo nos golpeo duro.

El amigo del D`Abuison, el Dentista Polizón, se salvo, porque la Dirección Nacional de las F.P.L. dejo de tener interés en él y como cosas del destino, años después, yo llegué a tener con él una relación de amistad, pero nunca comente con nadie, nada de lo que sabia.

En una de las tantas veces que la Dirección de las F.P.L usando mentiras, me saco de la C.N.S. yo quede desconectado de toda tarea. Un día por casualidad me encontré en la calle, al jefe de la Comisión Nacional de Logística, el compañero Eugenio, me estimaba muchísimo, porque años antes habíamos realizado juntos, tareas importantísimas de guerrilla urbana. Al contarle mi situación, este me llevo a una casa de seguridad de Logística y me prometió informar a la Dirección.

Al momento se vivía en constante "Toque de queda" de 6:00 pm a 5:00 am. De acuerdo al plan de guerra, las F.P.L. tenia preparada una acción de sabotaje, en el área de Soyapango y Yo fui seleccionado para proporcionar las herramientas (Fusiles). La acción fue suspendida, pero a mi no se me comunicó nada y llegue al lugar indicado, después de prudente espera, opte por retirarme, pero de pronto vi que venían hacia mi una fila de Guardias Nacionales (G.N.), Yo no podía salir corriendo porque los fusiles pesan, no podía dejarlos abandonados, no se podía retroceder eran las 5:30 pm y en corto tiempo seria "Toque de queda" y yo atrapado con mi costal de fusiles; rapidito del costal saque mi escoba y comencé a barrer y echar las hojas dentro del costal para rellenarlo. La GN al pasar frente a mí, me saludaron y dijeron: termina pronto la tarea, ya esta cerca la hora del Toque de queda.

Otra vez. Dios deseaba preservar mi vida.

Era 1982, el Gobierno acostumbraba acordonar colonias enteras, utilizando para ello soldados y Policías.

Los soldados eran el cordón de la colonia y la Policía registraba, casa por casa. Un día salí de mi casa cuartel, portando mi arma personal, más ciertos embutidos para ser enviados al frente Norte. Caminando por la 6ta. 10ma. Calle Poniente en las cercanías del Gimnasio Nacional, desde un camión del Ejército en marcha los soldados me gritaron que no entrara a la colonia Flor Blanca y que mejor me regresara. Yo ignoré el aviso y seguí caminando, mi idea era, atravesar la colonia y salir pronto a la calle Roosevelt. Pero cuando quise salir los soldados ya estaban bloqueando todas las salidas de la colonia. Al acercarme al soldado para intentar salir este me bloqueo el paso y me dijo; Te gritamos para que no entraras, pero no nos hiciste caso ahora ya es tarde y no podemos dejarte salir, hasta que venga la Policía y te registre e investigue, luego agregó, pero bien, mi jefe es aquel que esta allí, dile a él y si quiere, te dejará salir.

Cuando yo me acerqué al soldado señalado, este estaba rodeado de mucha gente que quería entrar, otros que querían salir. El soldado en una posición firme decía: nadie entrará, nadie saldrá y punto, retírense de mi. El otro soldado no dejaba de tenerme bajo su mirada de control, entonces yo nuevamente me acerque al soldado que el me había señalado y humilde y suavemente le dije, que por favor me dejara ENTRAR a la colonia. El soldado un poco ya molesto me dijo; y Ud. acaso no oyó lo que acabo de decir, aléjese de aquí, inmediatamente y con su índice señalo hacia afuera.

Usando esta treta, yo salí del apuro, en las actividades subversivas, ayuda mucho no perder la calma, actuar con rapidez, inteligencia y sangre fría. El que se ofusca, pierde. La situación y Dios, me iluminó la mente, sobre lo que debía hacer para salvarme.

En Agosto de 1983, antes de partir al Frente Norte, tenía que entregar el archivo de la C.N.S. Este, perfectamente embutido en diferentes adornos, colocados al fondo de un maletín, encima iba ropa planchada, mi pistola no iba embutida, solo puesta al fondo del maletín. Yo iba en un bus de la ruta 31 y debía bajarme en las cercanías de Ayutuxtepeque, colonia Santa Maria, al bajarme del bus, un cordón de Policías caminaba hacia mi, yo camine rápido para ganar una esquina y cruzar, ellos me siguieron y ordenaron alto, me rodearon, se hincaron en posición de combate, sus armas MP5 me apuntaban, ninguno tuvo el valor de acercarse a mi y me gritaron que les mostrara el contenido de mi maletín. Tranquilamente les respondí que era la 1pm que llevaba hambre y sed, motivo por el que caminaba rápido para llegar a casa, luego les mostré el contenido del maletín, poniendo mi mano derecha en la pistola y mi mano izquierda al tope de la ropa planchada; levante todo pero sin que viera mi pistola. Ellos dijeron: Disculpe, puede terminar de llegar a su casa.
La serenidad y Dios, nuevamente me salva

XXII Encuentro con mi Segunda Esposa

Es Chalateca, pero no tuve la necesidad de ir en busca de ella.

En 1981, me entregaron la dirección de los talleres del Trabajo Político-Militar Revolucionario de las F.P.L. Allí estaba Carpintería, Talabartería, Fotografía, Salón de Belleza, Documentación y Tiendas.

La jefe del taller de Carteras, era una mujer joven y muy bonita, que a pesar de tener 3 hijos, poseía muchos encantos, como para volver loco a cualquier hombre: blanca, ojos verdes, esbelta, pelo negro, largo y liso; repartido sobre sus hombros.

El primer día que llegue al taller, me porte bastante serio. Ella me mostró como se realizaba la línea de producción, acordamos que yo visitaría el taller 2 veces por semana para recoger y ordenar nuevos pedidos.

Con el correr del tiempo, me contaron que ella había sido la esposa de uno de mis amigos y compañero de lucha y a quien yo había estimado muchísimo, habíamos andado juntos en la guerra de Nicaragua y más antes habíamos estudiado juntos. El fue llamado en su nombre de guerra; compañero TOÑO. Toño murió en combate, el día que nuestra organización iba a recibir un avión procedente de Costa Rica, el cual, nos traía armas.

Era un comando de 18 hombres. Miguelon era el primer jefe y Toño el segundo jefe. A corta distancia había un comando de apoyo, el cual era como la seguridad de la operación, este comando de apoyo estaba bajo la dirección de un "COMANDANTE". El enemigo, descubrió la operación y al momento que el avión aterrizó, ellos atacaron, iniciando así un fuerte combate. Nuestros compañeros resistieron duramente hasta el último momento, combatieron, hasta quedar con su último cartucho, el cual reservaron, para quitarse la vida ellos mismos prefiriendo morir con la consigna en su boca, "Revolución ó Muerte",

"El Pueblo Armado Vencerá". En este momento de la guerra, quedar vivo de un combate, antes que ser capturado, era mejor morir, porque el enemigo te mataría en las torturas que te aplicaría. Yo siempre quise saber quien fue este cobarde Comandante, que ante la obligación de auxiliar a nuestros compañeros, huyo, abandonándoles a su suerte. Yo casi adivino, quien fue este cobarde..

Así fue como Ana Gloria, la jefe del taller de Carteras, quedo viuda.
Su primer hijo tenia 3 años, su otro niño 2 años y su bebe solamente 3 días. Yo llegue al taller hasta un año después de su viudez y al conocer que su niño de 1 año, aun no había sido asentado en el libro de partidas de nacimientos de la alcaldía municipal, tome la firme determinación de ir a anotarlo, como mi propio hijo, por supuesto que lo hice con el visto bueno de ella. Para Carlitos yo soy su único papá y creo que esta orgulloso de mi, como yo de él.

Mi relación, con Ana Gloria, se desarrolló por dos años en el campo estricto del trabajo revolucionario y aunque para la vecindad éramos una pareja normal y con tres hijos; eso era solamente una relación aparente que le proporcionaba seguridad al desempeño de las tareas revolucionarias.

En esos momentos yo tenía puesto mi interés en otra compañera y no en Ana Gloria.
Fue hasta 1983, que por primera vez descubrí que entre ella y yo había nacido una atracción de hombre y mujer, y que la relación de compañeros de lucha, había trascendido a un nivel afectivo superior, que se le llama AMOR.

Sin embargo ella sentía miedo de iniciar una relación afectiva conmigo, debido al hecho real, de la posibilidad de nuevamente quedar viuda. Había conciencia en su mente, que un guerrillero expone su vida las 24 horas del día.

Una noche de Agosto de 1983, antes de partir hacia el Frente Norte logre convencerla de mi amor por ella y por primera vez, dormimos juntos, yo quedé, profundamente encantado de ella y creo que ella, también de mi.

Entonces me prometió que si yo regresaba con vida del frente de guerra, ella se acompañaría definitivamente conmigo, con esa ilusión en mi mente, la mañana siguiente, muy tempranito, salí rumbo a Chalatenango.

El recorrido había que hacerlo a pie. En el centro de San Salvador me encontré con mi contacto, era una niña de 16 años, muy lindisima que parecía muñeca, juntos tomamos la camioneta hacia San Martin, al bajarnos de la camioneta, comenzamos a andar por caminos polvosos, la niña caminaba como corre una liebre, a las 11am ya habíamos llegado al primer campamento, al que denominábamos LA ADUANA a 10 minutos del campamento estaba la calle que conduce de San Martin hacia Suchitoto. Pero nosotros utilizamos diferente acceso porque esa calle estaba tomada por el ejercito.

Esa primera noche, dormiríamos en La Aduana, habíamos más ó menos 40 compañeros entre el grupo entre hombres y mujeres. Dormimos en el suelo, uno a la par del otro, aquí me sucedió una situación embarazosa; por la media noche yo soñé que estaba durmiendo con Ana Gloria y en el sueño, yo le acariciaba las piernas, cuando de pronto fue el brinco mío y el brinco del compañero que dormía a mi lado, porque yo le estaba apretando los testículos. Al despertar yo me levante a orinar, cuando regresé, ya todo mundo estaba en pie porque era el momento de iniciar camino hacia el campamento de Guazapa. Yo nunca supe, quien fue el compañero que sufrió el apretón de "Hue . . .", razón por la que no pude disculparme y aclarar la penosa situación. Que pensaría de mí, no lo sé, pero pienso que a cualquiera pudo haberle pasado.

Después de terminada la tarea que me llevo a Chalatenango dos meses tarde, regresé a San Salvador.

Ana Gloria y yo iniciamos una relación de pareja, adopte sus hijos, como mis hijos, un año después ella quedó embarazada para tener un hijo en común. Después de 25 años aun estamos juntos.

En 1988, emigramos como familia hacia Australia. Este gran país nos recibió como Refugiados Políticos.

Hoy, aparte de ser ciudadanos Salvadoreños, también orgullosamente somos ciudadanos Australianos y hemos comenzado a echar raíces porque nuestros nietos son Australianos de nacimiento, y ellos con de triple nacionalidad.

ANA GLORIA con sus hijos Nelson de 2 años y Arnoldo de 6 meses, fueron sobrevivientes de la masacre realizada por el Ejercito de los Ricos, en fecha 13 Mayo 1980, en Rio Sumpul. Hubo aproximadamente 600 muertos.

Como fue que ellos se Salvaron?

Tempranito por la mañana del 13 Mayo de 1980, el Cuartel de Chalatenango, en combinación con la llamada "Benemérita" Guardia Nacional, Fuerza Aérea y los paramilitares de ORDEN. Iniciaron la persecución de los habitantes de Las Vueltas y sus cantones circunvecinos con el afán de exterminar, según ellos, el apollo de esa región, a la guerrilla, para ello utilizaron la táctica de "yunque y martillo" que consistió en cercarlos y empujarlos hacia las riveras de Rio

Sumpul, el cual es frontera de El Salvador, con Hondura. La emboscada estaba montada con la ayuda del Ejercito Hondureño que se encontraba apostado al otro lado del río.

Eran miles de pobladores huyendo, Ana Gloria con sus dos niños, junto con otra familia compuesta por un anciano y su mujer, más su hija con el marido y el perro; eran los últimos de la columna, poco a poco se fueron quedando separados de los demás debido, a que los viejitos y Nelson de solo 2 años (hijo mayor de Ana Gloria). No podían caminar rápido. En la desesperación de ser alcanzados, los viejitos sacando fuerzas de flaqueza, aceleraron el paso y Ana Gloria quedo sola con sus dos niños. Cuando ella sintió que la jauría estaba acercándose, saltando cercas de alambre de púas y cercas de piña, como pudo se escondió detrás de otro cerco de piedras, al bebe le puso la chiche en la boca para que no llorase y al otro le socó la boca con una ropa, para que no llorara, ni hiciera ningún ruido y los guardias pasaron de largo, no la vieron. Ella continuo caminando detrás de la jauría, rumbo al Sumpul, con la idea de pasar a Honduras, como era el acuerdo de todos. En el camino encontró muertos a la familia completa que antes venia con ella, resultó que ellos se refugiaron en una cueva en la que colocaron una piedra en la entrada, el error fue que el perro ladró, cuando sintió que los guardias pasaban por enfrente, el perro les delato y también murió.

Cuando Ana Gloria llego al río, pudo ver el panorama de terror provocado por el "Supremo Gobierno de El Salvador" Defensor de los Ricos y Asesino del Pueblo trabajador.

Ella llego a casa de una familia campesina Hondureña, fue bien recibida y muy bien atendida. Después de una semana, tomo la determinación de regresar al país y buscar el apoyo de la Iglesia Católica. Su esposo no estaba en el país, porque cumplía una misión especial de la guerrilla en el extranjero. Cuando este regreso, ella, ya estaba bajo la protección de las F.P.L.

El papá de ella murió en esa masacre resultó que esos días el estaba en San Salvador y al regresar a casa y no encontrar a su familia, decidió salir a buscarles con suerte les encontró y juntos acordaron venirse a San Salvador. Para evitar encontrarse con el ejército, acordaron, caminar por unos montes, con la mala suerte que allí estaba emboscado el ejército. Fue capturada la familia entera Papá, Mamá y seis hijos de: 17, 11, 9, 7, 5, 2. Los guardias asesinaron al papá de Ana Gloria, enfrente de toda la familia, utilizando corvos, lo picaron todo, a la mamá le dieron unos azotes y la dejaron ir con sus niños y niñas. Ana Gloria y su mamá se reencontraron 2 años después, caminando por casualidad en el mercado de Mejicanos.

XXIII Reflexiones

1. A través de la lectura de estos apuntes, se puede denotar, que 'La Predicción' (Cuarto Capitulo) se ha ido cumpliendo paso a paso, tal como la Gitana dijo.

   a. La muerte de mis dos hermanos menores y la esposa de uno de ellos.
   b. El hecho de mi participación en dos guerras.
   c. Mi estadía dos veces en la cárcel.
   d. Que me casaría dos veces.
   e. Que tendria nueve hijos.
   f. Que seria envidiado y calumniado, por mis compañeros de armas.

Al momento, todavía no se ha cumplido la predicción de que Salvador Sánchez Cerén (Leonel González) será presidente de la República y que El Salvador, vivirá época de gran prosperidad, en el periodo de su mandato presidencial, esto va en buen camino, porque actualmente es El Vicepresidente de la República y estoy 100% seguro, que un día no muy lejano él será Nuestro Presidente.

2. Los acuerdos de Paz, firmados por el FMLN y el Gobierno, en el año 1992; Nunca fueron el triunfo de la revolución Salvadoreña, como en ese momento se quiso dar a entender. La mejor prueba de ello, fue, que el pueblo trabajador (obreros y campesinos) siguieron soportando La Injusticia Social de toda su vida. (hambre, miseria, insalubridad etc.) todo siguió igual como en los Gobiernos anteriores. En el momento que FMLN le dijo al pueblo la palabra TRIUNFAMOS; estaban actuando de mentirosos.

3. De las organizaciones que integraban el FMLN, solamente el P.C.S. tenía estructura de partido político y por ello fueron los que mejor aprovecharon la firma del tratado de Paz. El oportunismo lo llevan en su propia sangre, porque de revolucionarios no han demostrado mucho.

4. Los ciclos de auge revolucionario de un país aparesen con muchos años entre uno y otro, La cantidad de años depende:

— Lo que tarda en curar las heridas de la revuelta anterior.
— Mas el grado de avaricia de la clase dominante ó sea de los explotadores, dicho en otras palabras; a mejor justicia social, más tarde será un nuevo brote de auge revolucionario y a más explotación, más pronto llegará el nuevo descontento popular.

5. Una guerra civil, es la peor desgracia que puede sufrir un país. Dichosos los países que nunca han pasado por esta dura experiencia. Algunas de las situaciones sufridas son:

División de la familia, unos miembros de la familia se ubican en un bando y otros en el lado contrario. La unidad familiar desaparece.

Se observan horrendos crímenes y se vive un ambiente de terror, los valores morales se pierden, la vida no vale nada.

Desaparece la confianza mutua, en el más extenso campo de su significado.

Se quiebra el ritmo de producción Industrial y Agrícola, hasta llegar a una verdadera crisis económica.

Se destruye la Infra-estructura del país.

Aparece la migración rural, hacia las grandes ciudades, con una cadena de problemas sociales.

Aparece la Emigración hacia cualquier país cercano ó lejano y con ello la fuga de Técnicos, Académicos y Especialistas muy valiosos para cada país.

Terminada la guerra, quedan miles de incapacitados, no solo físicamente, sino también en el
Campo sicológico, cientos de personas con problemas de conducta.

La crisis de post-guerra quizá es peor que la guerra misma. Sobreponerse a ello no es nada fácil.

6. Las observaciones reales y duras para el FMLN que Ud. encuentra en estos escritos, deben ubicarse al momento histórico del desarrollo de la guerra. El FMLN dejo de ser oficialmente un Ejercito Revolucionario

el día que firmo la PAZ con su enemigo y pasó a convertirse en un Partido Político Electorero.

7. El FMLN pasó de ser Revolucionario a ser un Partido Revisionista de Izq. pretendiendo engañar al pueblo, usando lenguaje Revolucionario y pretendiendo engañar a la derecha concertando pactos ó acuerdos. Lo que estoy seguro es que a la Derecha nunca la engañaran y si hoy engañan a parte del pueblo, mañana podría ser otro día.

8. La guerra revolucionaria es un mal necesario, para la liberación de la clase obrera de todo país, porque los capitalistas llevan la explotación al extremo máximo.

9. Una revolución, siempre puede ser ganada por los obreros, pero si son estos, quienes la dirigen ó que la dirija alguien de verdadero sello obrero.

10. En total estuve incorporado en las F.P.L. desde 1974 hasta 1983. Mi participación fue 5 años en el trabajo de masas, 2 años como guerrillero urbano, 3 años en tareas de apoyo técnico, para el desarrollo de nuestro ejército rebelde.

11. Renuncié públicamente a las F.P.L. por no estar de acuerdo con el Comando Central en cuanto a la Política de Dialogo Negociación adoptada por la Dirección, en ese momento histórico. Por esta razón el Comando Central, me condenó a muerte. Pase escondido 5 años. Luego en 1988, solicité Asilo Político en Australia.

12. Si bien la Guerra Civil de El Salvador, la perdió el FMLN ello no significa que pasaré lamentándome el resto de la vida. Ese momento, es tiempo pasado. Hoy es un nuevo momento y estoy obligado a pensar con la cabeza y con el corazón hasta razonar y actuar inteligente para declarar que hoy; entre todos los partidos políticos que existen en El Salvador incluyendo al FMLN. Son partidos electoreros que pretenden llegar al Poder Político del país; pero siempre alineados al Imperio más poderoso del Mundo: Estados Unidos de Norte América. Esto significa que no son capaces de realizar la tarea historia de la liberación de la explotación y miseria en la que esta hundido El Salvador.

El FMLN rompió la bandera revolucionaria oficialmente en Enero de 1992, con la firma de los Acuerdos de Paz. Pero realmente la había roto años antes; cuando ordeno que se "suicidara" el compañero Comandante Marcial, acusándole de ser el actor intelectual de la muerte de la comandante Ana Maria. La inocencia del compañero Marcial quedo comprobada en los tribunales de justicia de Nicaragua.

XXIV Exilio

Abandonar la patria por razones políticas no es nada deseable.

Al hablar de exilio, en el significado estricto de la palabra, es ser expulsado por el propio Gobierno de su país; es sinónimo de destierro ó expatriación.

Lo típico es, que en tiempo de guerra el Gobierno de los Ricos, al capturar un revolucionario, no le destierran, sino todo lo contrario; lo entierran, lo más sencillo para ellos, es matar a su opositor.

En pleno apogeo de la guerra Civil en El Salvador; los obreros, campesinos y empleados en general Emigraron Voluntariamente a cualquier país del mundo; se entiende que estos no eran exiliados, estos miles de hombres y mujeres que entre los años 1981 y 1992 abandonaron el país, fue el resultado de la crisis político-económica, militar y social provocada por el conflicto interno. Esta emigración, aun continua, ello a pesar que en 1992 fueron firmados los acuerdos de paz y pesar del anuncio del FMLN que ellos, habían "ganado" la Guerra de Liberación Popular.

Con la llegada de Napoleón Duarte a la Presidencia de El Salvador, (1982) el número de muertos, se incremento. Ante esta innegable situación; Canadá, Suiza y Australia, ofrecieron abrir en San Salvador una oficina, para atender a todo ciudadano Salvadoreño, que solicitará Amparo Político por considerarse amenazado de muerte debido a sus creencias políticas. Si la oficina le consideraba razonable la solicitud, podría ser aceptado como Refugiado Político y ser expatriado voluntariamente, a cualquiera de los tres países antes mencionados y de acuerdo a la selección del interesado.

Mi grupo familiar, solicitamos amparo Político a Australia, con la suerte de haber sido aceptados así el 21 Mayo de 1988, llegamos a Perth, la ciudad más grande en el Oeste del País. Éramos un grupo de 5 familias; en el aeropuerto, encontramos a un encargado de Migración que hablaba perfecto español.

El intérprete era necesario porque nadie del grupo sabía hablar Ingles. Migración nos colocó en un edificio de apartamentos y proporcionaron todo tipo de atenciones.

Vale mencionar que los países desarrollados como Australia; a la par de tener grandes riquezas naturales, alta tecnología, poseen a la ves Gobiernos con un alto sentido de Justicia Social, basada en un especial sistema de impuestos Directos e Indirectos acompañado por leyes e instituciones anti-corruptivos. Por supuesto que son países con Economía Capitalista; pero con muchas leyes en el campo social.

Australia nos recibió con el titulo de Refugiados Políticos y con residencia permanente, más la opción, que después de cierto tiempo, podíamos solicitar la ciudadanía y con ello adquirir la total obligaciones y derechos de todo ciudadano.

Como residentes permanentes en Australia, teníamos el derecho de recibir 500 horas clase de Ingles, ello como primer paso, para aprender a comunicarnos; por lo general en este primer paso y en escala de 1 a 5 se alcanzaba el nivel No. 2 en el conocimiento del idioma Ingles, listos para buscar trabajo.

El que deseaba pasar a la universidad y continuar estudiando Ingles, también podía continuar hasta alcanzar el nivel No. 3.
Con el nivel No. 3 se podía ingresar a la universidad a estudiar cualquier carrera académica, pero esto ya corría a cuenta del interesado.

Es frustrante, llegar a un país con un lenguaje diferente y tener que hacer el papel de mudo, cuando realmente no es cierto. La primera frustración del inmigrante es NO PODER COMUNICARSE.

Si bien se tiene derecho a una pensión de desempleo, es un dinero que permite cubrir las necesidades básicas, pero detrás de ello hay una inmensa presión del Gobierno para que busques trabajo y comiences a pagar los impuestos correspondientes. El tipo de trabajo que se puede encontrar, solamente son trabajos duros, de los que nadie desea hacer Ej: limpiar servicios, oficinas, súper mercados etc. Estoy casi seguro que el 95% de los salvadoreños en Australia, hemos trabajado, repartiendo periódicos ó repartiendo propaganda comercial de casa en casa. Este trabajo nos permitía ganar dinero extra y sin pagar impuesto; repartir periódicos lo hicimos solamente en los primeros años, era bien común encontrar al licenciado, profesor ó doctor trabajando de limpiar escuelas, oficinas ó súper mercados.

En la medida que mejoramos el Ingles y comunicarnos mejor, los académicos se incorporaron para trabajar c/u en su campo profesional. Los niños y los jóvenes crecieron hablando ingles y para ellos, existió mejores oportunidades. El 99% de los salvadoreños encontramos trabajo permanente que nos permitió ser sujeto de crédito para adquirir casa propia utilizando el sistema de préstamo bancario. Un fenómeno importante fue el hecho que el 95% de los salvadoreños en Australia, eran altos profesionales que salieron del país huyendo de la situación de guerra que vivia el y no del terror del estado. La mayoría de ellos eran miembros de ARENA, el partido político en el Poder. Este fenómeno lo menciono porque en verdad, estos ARENEROS, para aprovechar el programa ofrecido por Australia, mintieron, talves si puede haber algunas pocas familias que en verdad podrian decir, que se sentían perseguidos por el FMLN..

Las familias Salvadoreñas que llegamos a Australia fuimos distribuidos en todos las ciudades grandes del territorio: Sydney, Melbourne, Brisbane, Hobart, Adelaida y Perth, llegamos con hijos pequeños que crecieron hablando Ingles y hoy son jóvenes; muchos de ellos con títulos académicos, la mayoría de ellos casados y casadas, en la realidad se ha dado una mezcla de sangres, porque en Australia existe habitantes de todo el mundo.

La generación de salvadoreños que llegamos a Australia, en los años 1987 a 1990 como buenos patriotas veníamos cargados de nuestra cultura del: Yo primero, Yo segundo, Yo por ultimo.

Con mi llegada a Perth, se me ocurrió fundar una Asociación Salvadoreña. El Gobierno Australiano, por medio de las oficinas de Migración, me ayudó a ello y nos montaron una oficina con una Trabajadora Social, para que específicamente atendiera nuestra Comunidad, principalmente en este periodo de adaptación. Fui su presidente por 2 años consecutivos. La Asociación siguió con vida por cinco ó seis años más luego de ser exprimida por la comunidad, la comunidad misma la enterró.

La mentalidad individualista del Salvadoreño ganó la batalla.

Viviendo en Australia, el año 1989, en la ciudad de Perth nació un Grupo de Apollo al FMLN que con actividades se logro recaudar hasta $3000 dólares que nunca se envió a El Salvador, porque, para no perder lo típico de nuestra gente. La tesorera en arreglos con su responsable, se apropiaron el dinero. Este comité quedo desprestigiado y sin ninguna credibilidad en la comunidad.

Habían otros elementos que decían simpatizar con la guerrilla Salvadoreña, pero estas personas eran non-gratos en la comunidad, por su conocida conducta anti-social.

El futuro que le espera a mi país El Salvador, es bastante prometedor; esto por diferentes razones:

1. El FMLN Izq. Revisionista, ya es, el Partido de Gobierno.
2. Somos miles de salvadoreños, que vivimos fuera del país; con doble Nacionalidad y que nunca nos olvidamos donde quedo enterrado nuestro ombligo, más que nuestros hijos y nietos, un día van a querer conocer el país de sus padres y abuelos.
3. La Cultura Nacional esta mejorando con El Salvadoreño VAGABUNDO que conoce otras Culturas.
4. El analfabetismo va para menos.
5. El Sistema Educativo esta cambiando para mejorar.

Los ARENEROS están siendo DERROTADOS por el PUEBLO y sin usar armas que matan (Los perros se muerden solos, hasta aniquilarse unos a otros, disputándose el botín.)

El Padrino (E.E.U.U.), no le conviene los ARENEROS en el poder, porque ARENA con su mezquindad irracional, provocó; para que el pueblo se levantara en armas. A E.E.U.U. hoy le conviene más un Gobierno con el FMLN, porque ya comprobaron que el sistema económico NO SE DERRUMBA.

Ya comprobaron que el FMLN solo pretende equilibrar la Justicia Social a la que tanto a aspirado nuestro pueblo.

Las medidas de Carácter Social que el FMLN esta implementando, son el verdadero camino para la PAZ y EL DESARROLLO ECONOMICO que todo mundo espera de nuestro Gran País
EL SALVADOR y todo con el visto bueno de su padrino (E.E.U.U.).

En honor y honra a los caídos.

Que viva E L S A L V A D O R !!!!!!!!

T O M A S

www.ingramcontent.com/pod-product-compliance
Lightning Source LLC
Chambersburg PA
CBHW020355290526

45785CB00005B/2294